Schriften des Frankfurter Instituts für
das Recht der Europäischen Union

Herausgegeben von

Prof. Dr. Christoph Brömmelmeyer
Prof. Dr. Ulrich Häde
Prof. Dr. Wolff Heintschel von Heinegg
Prof. Dr. Gudrun Hochmayr
Prof. Dr. Eva Kocher
Prof. Dr. Carsten Nowak
Prof. Dr. Matthias Pechstein
Prof. Dr. Michael Stürner

Band 9

PD Dr. Robert Frau

Das Brexit-Abkommen und Europarecht

Nomos

Die Deutsche Nationalbibliothek verzeichnet diese Publikation in der Deutschen Nationalbibliografie; detaillierte bibliografische Daten sind im Internet über http://dnb.d-nb.de abrufbar.

ISBN 978-3-8487-6291-0 (Print)
ISBN 978-3-7489-0398-7 (ePDF)

1. Auflage 2020

Für Alisya, Jacob, Hannah und natürlich Rafael

Vorwort

Diese Untersuchung basiert auf dem Habilitationsvortrag, den der Verfasser am 10. April 2019 vor der Juristischen Fakultät der Europa-Universität Viadrina in Frankfurt (Oder) gehalten hat. Der Vortrag selbst ist in Europarecht 2019, S. 502-521 erschienen.

In der nun vorliegenden Schrift wird eine umfassendere rechtswissenschaftliche Analyse des Abkommens vorgenommen. Nicht nur wird die Argumentation des Vortrags ausgebaut, sondern es werden zusätzliche allgemeine Ausführungen zum Abkommen gemacht sowie weitere Bereiche analysiert, um eine vollständigeres Bild des Abkommens zu zeichnen.

Der Vortrag selbst fand in politisch turbulenten Tagen statt. Während des Vortrags gingen die politischen Akteure, die Fakultät und der Vortragende vom Brexit am 13. April 2019 aus. Am 11. April wurde bekannt gegeben, dass die Austrittsfrist bis zum 31. Oktober 2019 verlängert werden sollte.

Nach Fertigstellung der Druckfahnen haben sich die EU und das Vereinigte Königreich auf eine Änderung des Nordirlandprotokolls geeinigt. Es galt, das eigentlich druckfertige Manuskript zu aktualisieren. Nach der Parlamentswahl im Vereinigten Königreich vom 12. Dezember 2019 und der Abstimmung im Unterhaus am 20. Dezember 2019 dürfte das Inkrafttreten des neuen Brexit-Abkommens spätestens zu Ende Januar 2020 gesichert sein. In der hier vorliegenden Analyse finden sich beide Versionen des Abkommens.

Der Habilitationsvortrag markiert das Ende meiner Zeit am Lehrstuhl meines verehrten akademischen Lehrers, Herr Professor *Dr. Wolff Heintschel von Heinegg*. Ihm danke ich herzlich für die schöne und lehrreiche Zeit an seinem Lehrstuhl. Ich danke Herrn Privatdozenten *Dr. Enrico Peuker* für die Gespräche im Vorfeld des Vortrags. Meiner Freundin *Yasmin Grieshaber* danke ich für alles und vor allem die Unterstützung bei der Vorbereitung des Vortrags. Den beiden Direktoren des Frankfurter Instituts für das Recht der Europäischen Union, Professor *Dr. Christoph Brömmelmeyer* und Professor *Dr. Carsten Nowak*, danke ich sehr für die Aufnahme in die Schriftenreihe des fireu. Herrn *Dr. Stefan Grote* und Herrn *Eduard Schwarzenberger* vom Nomos-Verlag danke ich vielmals für die Betreuung und vor allem für ihre Geduld und ihr Verständnis während der stellenweise schwierigen Fertigstellung des Buches. Frau *Kirsten Huss*, M.A., danke ich herzlich für das Korrekturlesen.

Gewidmet ist diese Schrift *Alisya*, *Jacob*, *Hannah* und *Rafael*, der dem Vortrag noch im Bauch seiner Mutter zugehört hat. Gewidmet ist sie auch meinem noch ungeborenen und namenlosen Neffen. Verbunden ist die Widmung mit der Hoffnung, dass sie und ihre Generation in einer noch tieferen und besseren Union groß werden.

Berlin, im Januar 2020 *Robert Frau*

Inhaltsverzeichnis

Abkürzungsverzeichnis

a.E.	am Ende
a.F.	alte Fassung
ABl.	Amtsblatt
Abs.	Absatz
AEUV	Vertrag über die Arbeitsweise der Europäischen Union
Art.	Artikel
Aufl.	Auflage
BGBl.	Bundesgesetzblatt
BVerfG	Bundesverfassungsgericht
BVerfGE	Entscheidungssammlung des Bundesverfassungsgerichts
CETA	Comprehensive Economic and Trade Agreement / Umfassendes Wirtschafts- und Handelsabkommen zwischen Kanada einerseits und der Europäischen Union und ihren Mitgliedstaaten andererseits
CTA	Common Travel Area / einheitliches Reisegebiet
DSGVO	Datenschutz-Grundverordnung
DWA	Draft Withdrawal Agreement
EFTA	European Free Trade Association / Europäische Freihandelszone
EG	Europäische Gemeinschaft/en
EGMR	Europäischer Gerichtshof für Menschenrechte
EMRK	Europäische Konvention zum Schutz der Menschenrechte und Grundfreiheiten
EU	Europäische Union
EuGH	Europäischer Gerichtshof
EUGRCh	Europäische Grundrechtecharta
EUV	Vertrag über die Europäische Union
EWR	Europäischer Wirtschaftsraum
EWR-Abkommen	Abkommen über den Europäischen Wirtschaftsraum
f./ff.	(fort-)folgende
FAZ	Frankfurt Allgemeine Zeitung
FS	Festschrift
GASP	Gemeinsame Außen- und Sicherheitspolitik
GATT	General Agreement on Tariffs and Trade / Allgemeines Zoll- und Handelsabkommen
ggf.	gegebenenfalls
Halbs.	Halbsatz
Hrsg.	Herausgeber
i.e.S.	im engeren Sinne

i.S.d.	im Sinne des/der
i.w.S.	im weiteren Sinne
JEFTA	Abkommen zwischen der Europäischen Union und Japan über eine Wirtschaftspartnerschaft
KEFTA	Freihandelsabkommen zwischen der Europäischen Union und ihren Mitgliedstaaten einerseits und der Republik Korea andererseits
Lfg.	Lieferung
lit.	litera
NIP	Nordirlandprotokoll
Nr.	Nummer
Rs.	Rechtssache
s.	siehe
S.	Seite/n
SEFTA	EU-Singapore Free Trade Agreement
Slg.	Amtliche Sammlung der Entscheidungen des EuGH
Spstr.	Spiegelstrich
u.a.	unter anderem
UAbs.	Unterabsatz
UK	United Kingdom of Great Britain and Northern Ireland
verb. Rs.	Verbundene Rechtssache
vgl.	vergleiche
VK	Vereinigtes Königreich von Großbritannien und Nordirland
WVK	Wiener Übereinkommen über das Recht der Verträge
WVKIO	Wiener Übereinkommen über das Recht der Verträge zwischen Staaten und internationalen Organisationen oder zwischen internationalen Organisationen
WTO	World Trade Organisation / Welthandelsorganisation

I. Einleitung

Der Journalist *Hugo Rifkind* von der Londoner Times findet für das Brexit-Abkommen[1] die Metapher eines Käse-U-Boots:[2] Man stelle sich vor, 52 % der Briten hätten sich gewünscht, dass ihre Regierung ein U-Boot aus Käse bauen solle. *Theresa May* war zwar gegen diesen Bau, schloss sich aber der Mehrheit an, um Premierministerin zu werden. Nachdem sie ihren Bau vorgelegt hat, beschweren sich alle Seiten, weil sie insistieren, ein besseres Käse-U-Boot als das der Premierministerin hätte gebaut werden können. Allerdings sind die Beteiligten nicht ganz ehrlich, denn jeder weiß, ein U-Boot aus Käse ist eine lausige Idee, die nur zu einem katastrophalen Konstrukt führen kann.

Das DWA ist aufgrund der Widerstände im Vereinigten Königreich gescheitert. Drei Abstimmungsversuche im Parlament hat es nicht überlebt und auch *Theresa May* hat ihren Posten inzwischen verlassen müssen. Erst ihr Amtsnachfolger, *Boris Johnson*, hat mit der EU eine Änderung des Protokolls über die irische Insel erreichen können. Nach der vorgezogenen Parlamentswahl am 12. Dezember 2019 verfügt *Johnson* über eine ausreichende Mehrheit, die kurz vor Weihnachten 2019 den geänderten Vertrag angenommen hat.

Eine juristische Analyse der beiden Abkommensversionen hat bisher nicht stattgefunden. Dies soll hier geschehen.

---

1 Draft Agreement on the withdrawal of the United Kingdom of Great Britain and Northern Ireland from the European Union and the European Atomic Energy Community, im Folgenden DWA.

2 *Rifkind (@hugorifkind)*, Twitter-Postings vom 10.12.2018.

II. Überblick

1. *Hintergrund*

Ab dem 31. Januar 2020 wird das Vereinigte Königreich (VK) kein Mitglied der Europäischen Union (EU) mehr sein. Seine seit 1973 andauernde Mitgliedschaft endet bekanntlich aufgrund der Austrittserklärung, welche die damalige britische Premierministerin *Theresa May* am 29. März 2017 abgegeben hat.[3]

An diesem Tag wird auch das Draft Withdrawal Agreement in Kraft treten (Art. 185 DWA). Dieses Abkommen ist am 25. November 2018 auf dem EU-27 Sondergipfel von der EU gebilligt worden.[4] Im VK hat das Parlament sowohl am 15. Januar 2019 als auch am 12. und 29. März 2019 gegen die Ratifikation gestimmt. Mehr oder weniger panische Versuche innerhalb des VK, einen Brexit ohne vertragliche Lösung zu verhindern, die Übergangszeit deutlich zu verlängern oder nachzuverhandeln sind bekanntlich gescheitert.

Nach dem Rücktritt von *Theresa May* im Juli 2019 hat erst ihr Nachfolger *Boris Johnson* erfolgreich mit der EU nachverhandelt und eine Modifikation des Irlandprotokolls erreicht. Mit der Annahme des so geänderten Abkommens am 20. Dezember 2019 durch das britische Parlament ist der harte Brexit ohne Übergangsregelungen doch noch abgewendet.[5]

Eine unionsrechtliche Analyse des Abkommensentwurfs ist daher angebracht. Im konkreten Fall ist die Loslösung des VK von der EU nicht abgeschlossen. Schon aufgrund der geographischen Nähe ist es praktisch nicht

---

3 Europäischer Rat, XT 20001/17 BXT 1, 29.3.2017, Annex I. Dass diese wiederrum dem im Referendum vom Juni 2016 festgestellten Wählerwillen folgt, ist hinlänglich bekannt. Zu den geschichtlichen Hintergründen *Thiele*, Der Austritt aus der EU – Hintergründe und rechtliche Rahmenbedingungen eines „Brexit", EuR 2016, 281 (281 ff.).

4 Pressemitteilung der EU Kommission vom 25.11.2018, https://ec.europa.eu/commission/news/president-juncker-special-meeting-european-council-art-50-2018-nov-25_de.

5 *Thiele*, Der Austritt aus der EU – Hintergründe und rechtliche Rahmenbedingungen eines „Brexit", EuR 2016, 281 (298); und *Hahn*, Brexit und Drittstaaten: Das Beispiel Schweiz, ZEuS 2017, 431 (442) hatten das Scheitern von Vertragsverhandlungen befürchtet.

vorstellbar, dass mit dem harten Brexit das letzte Wort über die zukünftigen Beziehungen zwischen der Union und dem Vereinigten Königreich gesprochen ist. Wie Repräsentanten der Union wiederholen, bleibt für sie das DWA der Ausgangspunkt für weitere Verhandlungen. Und auch die damalige britische Premierministerin ging von dieser Verhandlungsbasis aus, als sie Modifikationen vorschlug und das DWA zu britischen Gunsten ändern wollte, anstatt einen völligen Neuanfang vorzuschlagen.

In einem breiteren Kontext ist das DWA der erste Versuch, die Vorschrift des Art. 50 Abs. 2, 3 EUV mit Leben zu füllen. Eine rechtswissenschaftliche Analyse des Abkommens kann damit zukünftige Verhandlungen und entsprechende Entwürfe vorbereiten. Darüber hinaus wirft das konkrete Abkommen allgemeinere Fragen auf, deren Untersuchung lohnt.

2. *Gang der Untersuchung*

Das DWA ist mit fast sechshundert Seiten und mehreren Hundert englischsprachigen Vorschriften kein Gigant unter völkerrechtlichen Verträgen; nichtsdestoweniger ist es ein umfangreiches und schwer durchschaubares Regelwerk. Exponentiell schwieriger wird sein Verständnis dadurch, dass es nicht bloß substantielle Regelungen enthält, sondern bereits geltende Sekundärvorschriften des Unionsrechts auflistet und deren Anwendung für eine Übergangszeit konkretisiert. Es ist daher erforderlich, zunächst einen Überblick über das DWA zu geben, bevor allgemeine dogmatische Fragen in den Blick genommen werden können. Im Anschluss daran sollen besondere Probleme analysiert werden, bevor das Abkommen zum Abschluss in das Gefüge des unionalen Außen(wirtschafts)rechts eingeordnet wird.

3. *Überblick über das Draft Withdrawal Abkommen*

a) Sinn und Zweck des Abkommens

Das DWA versucht, die tiefe Integration des VK in die EU aufzulösen; damit hat es einen denkbar hohen Anspruch an die Regelungsdichte. Dementsprechend zahlreich sind die zu regelnden Sachgebiete und dementsprechend umfassend ist das Dokument. Auf knapp sechshundert Seiten widmen sich die Vertragsparteien dem Brexit. Grob gegliedert ist das Abkommen in das DWA i.e.S., die Protokolle zur irischen Insel, zu Zypern und zu Gibraltar sowie neun Anhänge. Flankiert wird das DWA in seiner ersten Entwurfsfassung von der Politischen Erklärung über den Rahmen der zukünftigen Beziehungen von Dezember 2018,[6] eine neue gemeinsame Erklärung von März 2019[7] sowie das „Gemeinsame Instrument" zum DWA.[8] Der zweite Entwurf, der tatsächlich angenommen wurde, ersetzt die Politischen Erklärungen durch eine neue Erklärung von Oktober 2019.[9]

Sinn und Zweck des DWA ist, eine Vereinbarung für den Austritt des VK zu treffen (Art. 1 DWA). Diese Vereinbarung konzentriert sich auf die Überleitungsphase oder Implementierungsphase, die am 31. Dezember 2020 endet. Damit soll das Abkommen erreichen, dass in dem Zeitraum nach dem Austritt das Unionsrecht angewandt wird (Art. 127 DWA), weil es nach Art. 50 Abs. 3 EUV keine Anwendung mehr auf das VK als neuem Drittstaat findet. Schlussendlich wollen sich die EU und VK dadurch Zeit erkaufen, um eine dauerhaftere Lösung für das Verhältnis zu finden. Eben eine solche Dauerlösung wurde vom DWA nie angestrebt (DWA, Erwägungsgründe 12 und 16 der DWA-Präambel), auch wenn einzelne Teile über die Implementierungsphase hinaus anwendbar sind (vgl. Art. 185 DWA).

b) Überblick über den Inhalt des DWA i.e.S.

i. Gliederung

Das DWA i.e.S. umfasst nur etwa die Hälfte der Regelungen, welche in der Übergangszeit gelten. Gemäß Art. 182 DWA sind die Protokolle zu Irland

---

6 Political Declaration setting out the Framework for the Future Relationship between the European Union and the United Kingdom, erhältlich unter https://assets.publishing.service.gov.uk/government/uploads/system/uploads/attachment_data/file/759021/25_November_Political_Declaration_setting_out_the_framework_for_the_future_relationship_between_the_European_Union_and_the_United_Kingdom__.pdf.

7 https://assets.publishing.service.gov.uk/government/uploads/system/uploads/attachment_data/file/785120/2019-03-11_Statement.pdf.

8 https://assets.publishing.service.gov.uk/government/uploads/system/uploads/attachment_data/file/785157/2019-03-11_Instrument.pdf.

9 Political Declaration setting out the Framework for the Future Relationship between the European Union and the United Kingdom, erhältlich unter https://assets.publishing.service.gov.uk/government/uploads/system/uploads/attachment_data/file/840231/Revised_Political_Declaration.pdf.

und Nordirland[10], über die souveränen Basen auf Zypern sowie über Gibraltar ebenso Bestandteil des DWA wie dessen Anhänge I – IX. Diese nehmen zusammen einen ähnlichen Umfang ein, wie das DWA i.e.S. für sich genommen. Diese Verhältnisse geben einen Einblick, welche Fragen politisch besonders brisant waren. Nicht zuletzt drohte der gesamte Verhandlungsprozess aus EU-Perspektive an Widerständen aus Spanien zu scheitern, sollte nicht die Gibraltar-Frage zufriedenstellend gelöst werden.[11] Aus britischer Perspektive war insbesondere die irische Frage essentiell, die auch zum Scheitern des ersten Entwurfs beigetragen hat und die erst in Nachverhandlungen beantwortet wurde.

Das Abkommen i.e.S. ist in sechs Abschnitte unterteilt. Diese reichen von allgemeinen Vorschriften in Teil 1 (Art. 1–8), über Rechte von Individuen in Teil 2 (Art. 9–39 DWA), „Trennungsvorschriften" des dritten („separation provisions", Art. 40–125 DWA) und Überleitungsvorschriften des vierten Teils (Art. 126–132 DWA) bis hin zu Regelungen über finanzielle Entflechtungen in Teil 5 (Art. 133–157 DWA) und institutionelle Regelungen in Teil 6 (Art. 158–185 DWA). Die neun Anhänge des DWA befassen sich u.a. mit EURATOM, Auflistungen zu Rechtsakten und Verfahren sowie Verfahrensregelungen zu den durch das DWA eingerichteten Ausschüssen.

ii. Polizeiliche und justizielle Zusammenarbeit in Strafsachen

Wie bereits erwähnt ist der Regelungsanspruch des DWA denkbar hoch. So werden auch straf- und zivilrechtliche Bereiche geregelt. Mit der polizeilichen und justiziellen Zusammenarbeit in Strafsachen befasst sich das DWA im fünften Teil des dritten Abschnitts. So sollen in der Implementierungsphase bestimmte Rechtsakte der Union weiterhin anwendbar sein. Dazu gehören das Übereinkommen über die Rechtshilfe in Strafsachen zwischen den Mitgliedstaaten der Europäischen Union,[12] der Rahmenbeschluss des Rates vom 13. Juni 2002 über den Europäischen Haftbefehl und die Übergabeverfahren zwischen den Mitgliedstaaten[13] sowie andere

10 Protocol on Ireland/Northern Ireland, im Folgenden NIP.

11 FAZ online, Spanien legt kein Veto gegen Brexit-Deal ein, 24.11.2018, https://www.faz.net/aktuell/politik/ausland/spanien-legt-kein-veto-gegen-brexit-deal-ein-15907231.html.

12 ABl. 2002, C-197/3.

13 ABl. 2002, L-190/1.

in Art. 62 DWA aufgelistete Rechtsakte, die sich etwa auf gegenseitige Informationspflichten beziehen. Im Einzelnen bedeutet dies konkret, dass für Personen, die vor dem Ablauf der Implementierungsphase festgenommen werden, der Rahmenbeschluss über den Europäischen Haftbefehl weiter anwendbar ist. (Art. 62 Abs. 1 lit. b] DWA).

iii. Zivilrechtliche Aspekte des DWA

Im zivilrechtlichen Bereich schafft Art. 81 AEUV eine Rechtsgrundlage der Union für die justizielle Zusammenarbeit in Zivilsachen mit grenzüberschreitendem Bezug. Dementsprechend widmet sich auch das DWA diesem Komplex. So bestimmt Art. 66 DWA die Weitergeltung der Rom-I[14] und Rom-II-Verordnungen.[15] Die Rom-III[16], Rom-IV[17] und Rom-V-Verordnungen[18] hingegen werden nicht vom DWA geregelt. Andere Rechtsakte sind nur hinsichtlich der Zuständigkeitsregelungen weiter anwendbar (Art. 67 Abs. 1 lit. c] und d] DWA).[19] Die Verordnung über die gerichtliche Zuständigkeit und die Anerkennung und Vollstreckung von Entschei-

14 Verordnung (EG) Nr. 593/2008 des Europäischen Parlaments und des Rates vom 17.6.2008 über das auf vertragliche Schuldverhältnisse anzuwendende Recht (Rom I), ABl. 2008 L-177/6.

15 Verordnung (EG) Nr. 864/2007 des Europäischen Parlaments und des Rates vom 11.7.2007 über das auf außervertragliche Schuldverhältnisse anzuwendende Recht (Rom II), ABl. 2007 L-199/40.

16 Verordnung (EU) Nr. 1259/2010 des Rates vom 20.12.2010 zur Durchführung einer Verstärkten Zusammenarbeit im Bereich des auf die Ehescheidung und Trennung ohne Auflösung des Ehebandes anzuwendenden Rechts, ABl. 2010, L-343/10.

17 Verordnung (EU) Nr. 650/2012 des Europäischen Parlaments und des Rates vom 4.7.2012 über die Zuständigkeit, das anzuwendende Recht, die Anerkennung und Vollstreckung von Entscheidungen und die Annahme und Vollstreckung öffentlicher Urkunden in Erbsachen sowie zur Einführung eines Europäischen Nachlasszeugnisses, ABl. 2012 L-201/107.

18 Verordnung (EU) 2016/1103 des Rates vom 24.6.2016 zur Durchführung einer Verstärkten Zusammenarbeit im Bereich der Zuständigkeit, des anzuwendenden Rechts und der Anerkennung und Vollstreckung von Entscheidungen in Fragen des ehelichen Güterstands, ABl. 2016, L-183/1.

19 Etwa Verordnung (EG) Nr. 2201/2003 des Rates vom 27.11.2003 über die Zuständigkeit und die Anerkennung und Vollstreckung von Entscheidungen in Ehesachen und in Verfahren betreffend die elterliche Verantwortung und zur Aufhebung der Verordnung (EG) Nr. 1347/2000, ABl. 2003, L-338/1; sowie die Rom-VI-Verordnung, Verordnung (EG) Nr. 4/2009 des Rates über die Zuständigkeit und das anwendbare Recht, die Anerkennung und Vollstreckung von Entscheidun-

dungen in Zivil- und Handelssachen gilt für solche Verfahren, die vor dem Ende der Implementierungsphase anhängig gemacht wurden.[20]

c) Inhalt des Protokolls zu Irland und Nordirland

Im Vereinigten Königreich hat das Protokoll über Irland und Nordirland für solche Verstimmungen gesorgt, dass das Unterhaus das Abkommen insgesamt abgelehnt hat. Wie bereits erwähnt ist es erst in Nachverhandlungen im Oktober 2019 gelungen, einen Kompromiss zu finden, der im Vereinigten Königreich annehmbar war. Andere Teile des DWA wurden durch den neuen Entwurf nicht verändert bzw. nur marginal redaktionell angepasst. Die Änderungen, die *Boris Johnsons* Regierung ausgehandelt hat, betreffen nur das Nordirlandprotokoll.

Der erste Entwurf des Nordirlandprotokolls etablierte die so genannte Backstop-Lösung. Sollten die Union und das VK bis zum Ende der Implementierungsphase kein neues Abkommen schließen, so sollten die Regelungen des NIP angewandt werden. Das Protokoll war damit eine Notfallregelung, die eine Zollunion zwischen dem Vereinigten Königreich und der EU etablierte. Der substantielle Teil des Protokolls war eher kurz, den Großteil bilden seine Anhänge, die wiederum mehrheitlich nur in der Auflistung von Rechtsakten bestehen, die in bestimmten Situationen und Zeiträumen anwendbar gewesen wären. Insgesamt bestand das NIP noch immer aus etwa 175 Seiten oder, anders gewendet, einem knappen Drittel des DWA. Das Protokoll hätte, wie gezeigt werden wird, nicht einseitig gekündigt werden können.

Die zweite Version des Protokolls, die Teil des geltenden DWA geworden ist, enthält diesen Backstop und damit verbundene Regelungen nicht mehr. Eine Zollunion gibt es nicht; vielmehr sind die EU auf der einen und das VK auf der anderen Seite frei in ihrer Zollgestaltung. Das Vereinigte Königreich bleibt ein einheitliches Zollgebiet. Zölle auf den Handel zwischen Nordirland und Großbritannien werden nicht erhoben. Ebenso werden auf den Handel zwischen Nordirland und Irland keine Zölle erho-

gen und die Zusammenarbeit in Unterhaltssachen vom 18.12.2008, ABl. 2009, L-342/59.

20 Verordnung (EU) Nr. 1215/2012 des Europäischen Parlaments und des Rates vom 12.12.2012 über die gerichtliche Zuständigkeit und die Anerkennung und Vollstreckung von Entscheidungen in Zivil- und Handelssachen, ABl. 2012, L-351/1.

ben, um eine Grenze zwischen den Gebieten zu vermeiden und einem Wiederaufflammen des Konflikts entgegenzutreten.

Allerdings schützt die EU ihr Zollgebiet dadurch, dass auf Waren, die aus Großbritannien nach Nordirland verbracht werden, und bei denen das Risiko eines Weitertransports in die EU besteht, EU-Zölle durch britische Behörden erhoben. Im Ergebnis verschiebt sich damit die Zollgrenze in die irische See.

Darüber hinaus hängt die Fortgeltung des Protokolls von der regelmäßigen Zustimmung in Nordirland ab. Sollte die Northern Ireland Assembly sich gegen die Weitergeltung aussprechen, tritt das Protokoll außer Kraft.

d) Inhalt der Protokolle zu Gibraltar und Zypern

Ein weiteres Protokoll regelt die britischen „sovereign base areas" oder souveränen Basisgebiete, die das VK seit Zyperns Unabhängigkeit 1960 unterhält. Namentlich handelt es sich um Akrotiri und Dekelia. Weil beide Gebiete zu den britischen Hoheitsgebieten zählen, war auch hierfür eine Regelung erforderlich. Das entsprechende Protokoll erstreckt das Zollgebiet der Union auf die souveränen Basisgebiete (Art. 1 Abs. 1 Zypern-Protokoll) und regelt in den folgenden Abschnitten die Einzelheiten, welche für die praktische Durchführung erforderlich sind.

Für eine weitere Erblast des britischen Imperialismus, namentlich Gibraltar, finden sich in einem entsprechenden Protokoll spezifische Regelungen zur Lösung der dort auftretenden Probleme.

Beide Protokolle sollen hier außen vor bleiben.

III. Allgemeine dogmatische Fragen

1. *Charakter des DWA, Verbindlichkeit und Auslegung*

Vor den britischen Bestrebungen, die EU zu verlassen, hat Art. 50 EUV ein Schattendasein geführt. Schon die Schöpfer des Artikels waren der Auffassung (oder Hoffnung), eine praktisch irrelevante Vorschrift zu schaffen.[21] In der Literatur wurden die großen Fragen des Austritts behandelt, notgedrungen (oder besser glücklicherweise), ohne auf konkrete Fälle eingehen zu können bzw. zu müssen. Das DWA ist nunmehr der erste konkrete Anwendungsfall. Es bietet sich an, die primärrechtlichen Vorgaben und die konkrete Ausgestaltung ins Verhältnis zu setzen. Es stellen sich die Fragen, welche Rechtsnatur dem Abkommen zukommt, welche Rechtswirkungen es entfaltet und wie es ausgelegt werden muss.

a) Rechtsnatur des Abkommens

Vertragsparteien des DWA sind die Union als internationale Organisation i.S.d. Völkerrechts und das Vereinigte Königreich als Staat i.S.d. Völkerrechts. Es unterliegt keinem nationalen Recht und ist damit als völkerrechtlicher Vertrag anzusehen.[22]

i. Grundlage und Rechtsnatur des Abkommens

Unionsrechtliche Grundlage des Abkommens ist Art. 50 Abs. 2 EUV. Die unionsrechtliche Einordnung eines solchen Austrittsabkommens nach

---

21 Detailliert zur Entwicklungsgeschichte der Vorschrift *Dörr*, in: Grabitz/Hilf/Nettesheim (Hrsg.), Das Recht der EU, 45. Lfg. 2011, Art. 50 EUV Rn. 6; sowie *Meng*, in: von der Groeben/Schwarze/Hatje (Hrsg.), Europäisches Unionsrecht, 7. Aufl. 2015, Art. 50 EUV Rn. 1 ff.

22 Zum Begriff des völkerrechtlichen Vertrags *Heintschel von Heinegg*, § 12 Begriff, Bezeichnung, Arten und Abgrenzung, in: Ipsen, Völkerrecht (hrsg. von Epping/Heintschel von Heinegg), 7. Aufl. 2018, Rn. 1.

Art. 50 Abs. 2 EUV ist umstritten.[23] Ausgangspunkt für die Einordnung ist die Tatsache, dass es ein bilateraler Vertrag ist, dessen Vertragsparteien auf der einen Seite die EU und auf der anderen Seite das Vereinigte Königreich sind.[24] Seine Grundlage findet das Abkommen in Art. 50 Abs. 2 EUV,[25] also im Rahmen der Vorschrift zum Austritt. Dieser sieht vor, dass die Union und der austrittswillige Mitgliedstaat ein Abkommen aushandeln, das die „Einzelheiten des Austritts" und den „Rahmen für die künftigen Beziehungen dieses Staates zur Union" umfassen kann. Denn der Abschluss eines oder mehrerer Abkommen ist keineswegs zwingend, wie sich aus Art. 50 Abs. 3 EUV ergibt. Ein Austritt zeitigt auch ohne Austrittsabkommen Wirkungen, nämlich dass „die Verträge", also das Unionsrecht, zwei Jahre nach Austrittserklärung keine Anwendung auf den betroffenen Staat mehr finden. Damit ist der Abschluss eines solchen Abkommens für den Austritt nicht konstitutiv.[26] Das Austrittsabkommen soll den Austritt leiten und vereinfachen; sein Abschluss ist aber – wie das britische Beispiel zeigt – vom politischen Willen der Parteien abhängig.

Für die umstrittene[27] unionsrechtliche Einordnung eines solchen Austrittsabkommens nach Art. 50 Abs. 2 EUV bietet es sich an, es als Primärrecht der EU, als völkerrechtlichen Vertrag oder als Recht sui generis zu verstehen. Die jeweils für eine Seite sprechenden Argumente sollen vorgestellt werden, bevor eine Stellungnahme abgegeben wird. Dies kann jedoch nicht passieren, ohne auf die Alternativen des Art. 50 Abs. 2 S. 2 EUV einzugehen.

---

23 *Calliess*, in: Calliess/Ruffert (Hrsg.), EUV/AEUV, 5. Aufl. 2016, Art. 50 EUV Rn. 7.

24 So auch *Calliess*, in: Calliess/Ruffert (Hrsg.), EUV/AEUV, 5. Aufl. 2016, Art. 50 EUV Rn. 7; *Heintschel von Heinegg*, in: Vedder/Heintschel von Heinegg (Hrsg.), Europäisches Unionsrecht, 2. Aufl. 2018, Art. 50 EUV Rn. 7.

25 *Michl*, Die formellen Voraussetzungen für den Austritt des Vereinigten Königreichs aus der Europäischen Union, NVwZ 2016, 1365 (1365).

26 *Calliess*, in: Calliess/Ruffert (Hrsg.), EUV/AEUV, 5. Aufl. 2016, Art. 50 EUV Rn. 5; *Dörr*, in: Grabitz/Hilf/Nettesheim (Hrsg.), Das Recht der EU, 45. Lfg. 2011, Art. 50 EUV Rn. 13.

27 *Calliess*, in: Calliess/Ruffert (Hrsg.), EUV/AEUV, 5. Aufl. 2016, Art. 50 EUV Rn. 7.

ii. Funktion des Abkommens: Austrittsregelung oder Zukunftsregelung...

Oliver Dörr weist dem austretenden Staat eine „Zwitterstellung“ zwischen Unionsstaat und Drittstaat zu.[28] Er begründet dies damit, dass die Union mit einem (Noch-)Mitgliedstaat, der zum Zeitpunkt der Verhandlungen an das Unionsrecht gebunden ist, über dessen Status als zukünftigem Drittstaat mit der Union verhandelt.

Diese Zwitterstellung betrifft über *Dörrs* Ansicht hinaus nicht nur den „persönlichen Anwendungsbereich“, sondern auch den Inhalt des Abkommens, der ebenfalls zwischen zwei Punkten oszilliert. Denn nach Art. 50 Abs. 2 EUV können durch Vertrag die „Einzelheiten des Austritts“ und der „Rahmen für die künftigen Beziehungen dieses Staates zur Union“ geregelt werden. Die erste Alternative der „Einzelheiten des Austritts“ sind solche Regelungen, welche die Konsequenzen des Endes der Mitgliedschaft abmildern sollen.[29] Die zweite Alternative ist gerichtet auf die Zeit nach dem Austritt und soll die künftigen Beziehungen regeln.[30] Sie mildert damit nicht das Ende der Mitgliedschaft ab, sondern regelt Sachverhalte, welche erst in der Zukunft liegen.

Das vorliegende DWA wickelt zum einen die Mitgliedschaft des Vereinigten Königreichs ab und stellt sich damit als „Austrittsabkommen“ i.e.S. dar.[31] Dies gilt vor allem für das eigentliche DWA, also das DWA i.e.S. Damit verlängern die Vertragspartner die Anwendbarkeit des Unionsrechts auf und in dem Noch-Mitgliedstaat, wie Art. 127 DWA im Grundsatz festhält. Für diese Zeit werden also, mit den in Art. 127 DWA vorgesehenen Ausnahmen, die Konsequenzen des Austritts zum größten Teil vollständig aufgefangen. Aus den Erwägungsgründen 4, 5 und 7 der Präambel zum DWA geht zudem hervor, dass der Austritt geordnet („orderly“) erfolgen und die Auswirkungen auf Individuen, Wirtschaftsteilnehmer und staatliche Stellen abgefedert werden sollen. Zu diesem Zwecke werden etwa im Abschnitt 2 des DWA die Rechte der Individuen, wie etwa Aufenthalts-

---

28 *Dörr*, in: Grabitz/Hilf/Nettesheim (Hrsg.), Das Recht der EU, 45. Lfg. 2011, Art. 50 EUV Rn. 9.

29 *Dörr*, in: Grabitz/Hilf/Nettesheim (Hrsg.), Das Recht der EU, 45. Lfg. 2011, Art. 50 EUV Rn. 29; *Michl*, Die formellen Voraussetzungen für den Austritt des Vereinigten Königreichs aus der Europäischen Union, NVwZ 2016, 1365 (1367).

30 *Dörr*, in: Grabitz/Hilf/Nettesheim (Hrsg.), Das Recht der EU, 45. Lfg. 2011, Art. 50 EUV Rn. 31.

31 *Simon*, Rechtliche Vorgaben für den Austritt des Vereinigten Königreichs aus der EU, JuristenZeitung 2017, 481 (484 f.), identifiziert dabei „zwingenden Regelungsbedarf“.

und Arbeitsrechte (Art. 13 ff., 24 ff. DWA) nach der Implementierungsphase (Art. 185 DWA) festgelegt. Diese Vorschriften mildern damit die Austrittskonsequenzen ebenfalls ab. Das DWA stellt sich damit als mehrstufiges Austrittsabkommen dar.

Anders verhält es sich mit den Regelungen über künftige Beziehungen. Gegenstand davon sind Sachverhalte, die in der Zukunft liegen und noch nicht begonnen haben.[32] Diese werden zumindest teilweise ebenfalls vom DWA erfasst, da es auch die zukünftigen Beziehungen zwischen der Union und dem neuen Drittstaat erfassen soll. Besonders deutlich wird dies in den Protokollen zu Nordirland und Zypern. Nach Art. 188 DWA werden diese erst nach dem Ende der Übergangsfrist angewandt. Sie regeln also die Beziehungen nach dem Ende der Anwendbarkeit des Unionsrechts kraft Art. 127 DWA. Politisch höchst bedeutsam ist Art. 1 Abs. 4 S. 2 NIP, der vorsieht, dass das Protokoll nur vorübergehend angewandt werden soll, um eine harte Grenze auf der irischen Insel zu verhindern, sollten die Union und das VK bis zum Ende der Implementierungsphase kein anderes Abkommen geschlossen haben (Art. 1 Abs. 4 a.E. NIP). Damit sollen nicht die Rechtsfolgen des Art. 50 Abs. 3 EUV modifiziert werden, sondern ein Rahmen für später entstehende Sachverhalte geschaffen werden.

Die Dichotomie oder Binarität der beiden Alternativen bleibt auch angesichts der Tatsache bestehen, dass sich Regelungen über künftige Beziehungen auch als Abmilderungsvorschriften verstehen lassen. Denn neue Beziehungen mildern notwendigerweise stets die Folgen des Austritts ab. Ohne die Regelung künftiger Beziehungen wäre das Vereinigte Königreich wie ein Drittstaat ohne Vertragsbeziehungen zu behandeln. Wird aber ein solcher Vertrag geschlossen, der künftige Beziehungen regelt, so sollen diese künftigen Beziehungen ja begründet werden – sie stellen im Vergleich zum harten Brexit ein Mehr an Beziehung und Nähe und damit zugleich ein Weniger an Rechts- und Beziehungsverlust dar. In diesem Sinne regelt das Abkommen nicht die Stellung des gegenwärtig austrittswilligen Staates, sondern die des zukünftigen Drittstaats.[33]

Im Ergebnis umfasst das DWA i.w.S. sowohl Regelungen über die „Einzelheiten des Austritts" als auch über den „Rahmen für die künftigen Be-

32 Ähnlich wohl *Brauneck*, EU-Recht, EU-Gerichts- und Verwaltungsverfahren auch nach dem Brexit? EuZW 2017, 967 (973).

33 *Dörr*, in: Grabitz/Hilf/Nettesheim (Hrsg.), Das Recht der EU, 45. Lfg. 2011, Art. 50 EUV Rn. 40, geht vom Gegenteil aus und charakterisiert den ausgetretenen Mitgliedstaat nicht als europäischen Drittstaat wie andere auch. Die vorangegangene Mitgliedschaft soll seine besondere Stellung begründen.

ziehungen dieses Staates zur Union" i.S.d. Art. 50 Abs. 2 S. 1 EUV. Es gilt nunmehr, die Rechtsnatur des Abkommens und seine Stellung in der Normenhierarchie des Unionsrechts zu analysieren.

iii. ...als gemischtes Abkommen?

Das Austrittsabkommen wird zwischen Union und dem austretenden Mitgliedstaat geschlossen, so sieht es Art. 50 Abs. 2 S. 2 EUV vor. Dies kann für den Teil, der sich den Einzelheiten des Austritts widmet, ohne Weiteres stehen bleiben. Für Regelungen über die künftigen Beziehungen gilt dies nicht. So ist von prominenter Stellung vertreten worden, dass das Abkommen über die zukünftigen Beziehungen als gemischtes Abkommen nicht nur zwischen Union und dem Vereinigten Königreich, sondern auch von den übrigen 27 Mitgliedstaaten geschlossen werden muss.[34] Dagegen spricht, dass in Art. 50 Abs. 2 EUV von beiden Regelungsbereichen die Rede ist. Allerdings sieht der Wortlaut auf der anderen Seite vor, dass die Union ein Abkommen über die Einzelheiten des Austritts aushandelt und schließt, wobei der Rahmen für die künftigen Beziehungen berücksichtigt wird. Daher kann durchaus ein Unterschied zwischen den Regelungsbereichen getroffen werden, denn im Austrittsabkommen wird erstens nur der Rahmen für die zukünftigen Beziehungen in den Blick genommen. Es geht nicht um Details oder konkrete Regelungen, sondern ums große Ganze, eben den Rahmen. Zweitens soll dieser nicht durch das Abkommen ausgehandelt oder geschlossen, sondern nur berücksichtigt werden, wie es im Gegenteil in Bezug auf die Einzelheiten des Austritts heißt. Der Wortlaut des Art. 50 EUV macht somit einen Unterschied im Regelungsbereich des Austrittsabkommens. Eine systematische Auslegung im Lichte des Prinzips der begrenzten Einzelermächtigung (Art. 5 Abs. 1, Abs. 2 S. 1 EUV) unterstützt diese Auslegung. Denn nach dem Austritt ist der austretende Staat, also das Vereinigte Königreich, ein Drittstaat. Eine Kategorie des Nicht-mehr-Mitgliedstaats kennt das Unionsrecht nicht. Für Beziehungen zu Drittstaaten ist aber nicht zwangsweise die Union zuständig, sondern auch die Mitgliedstaaten. Je nachdem, ob eine Unionskompetenz be-

---

34 *Skouris*, Brexit: Rechtliche Vorgaben für den Austritt aus der EU, EuZW 2016, 806 (809); *Simon*, Rechtliche Vorgaben für den Austritt des Vereinigten Königreichs aus der EU, JuristenZeitung 2017, 481 (485); *Michl*, Die formellen Voraussetzungen für den Austritt des Vereinigten Königreichs aus der Europäischen Union, NVwZ 2016, 1365 (1367).

troffen ist oder nicht, bleiben die Mitgliedstaaten für den Abschluss völkerrechtlicher Verträge zuständig (Art. 5 Abs. 2 S. 2 EUV). Möglich ist auch, dass sowohl die Union als auch die Mitgliedstaaten zuständig sind. In solchen Fällen werden so genannte gemischte Abkommen geschlossen.

Dem ist aufgrund dem Prinzip der begrenzten Einzelermächtigung und der Kompetenzabgrenzung zwischen EU und Mitgliedstaaten zu folgen.[35] Soweit das DWA die „Einzelheiten des Austritts" regelt hat die EU dafür nach Art. 50 Abs. 2 Halbsatz 2 EUV die Vertragsschlusskompetenz. Soweit die zukünftigen Beziehungen nicht vollständig im Austrittsabkommen geregelt werden, hat die EU auch dafür die Vertragsschlusskompetenz.[36] Dies ist etwa beim Abkommen über den Europäischen Wirtschaftsraum so geschehen.[37] Für das DWA muss also eine passende Rechtsgrundlage gefunden werden.[38] Wie sich später zeigen wird,[39] beinhaltet das DWA Vorschriften, die nicht in die Kompetenz der Union fallen, sondern bei den Mitgliedstaaten verbleiben. Es hätte daher als gemischtes Abkommen geschlossen werden müssen.

iv. Exkurs: Austrittsabkommen als Grundlage für eine Teilmitgliedschaft in der Union

Eben weil die Union mit dem austretenden Staat ein Abkommen für die Zukunft schließen kann, welches ein Minus zur Mitgliedschaft in der Union begründet, erkennen Einige – wenn auch bedauernd[40] – in dieser Möglichkeit die Option zum Teilaustritt des Staates oder positiv gewendet der

35 *Simon*, Rechtliche Vorgaben für den Austritt des Vereinigten Königreichs aus der EU, JuristenZeitung 2017, 481 (485).

36 Vgl. *Michl*, Die formellen Voraussetzungen für den Austritt des Vereinigten Königreichs aus der Europäischen Union, NVwZ 2016, 1365 (1367).

37 *Michl*, Die formellen Voraussetzungen für den Austritt des Vereinigten Königreichs aus der Europäischen Union, NVwZ 2016, 1365 (1367).

38 *Brauneck*, EU-Recht, EU-Gerichts- und Verwaltungsverfahren auch nach dem Brexit? EuZW 2017, 967 (970).

39 Vgl. IV. 3., S. 74 ff.

40 So deutlich *Bruha/Nowak*, Recht auf Austritt aus der Europäischen Union? AVR 42 (2004), S. 1 (24). Offen ob ein solches Recht besteht bei *Oppermann/Classen/Nettesheim*, Europarecht, 8. Aufl. 2018, § 42 Rn. 39 ff.; *Haltern*, Europarecht Bd. I, 3. Aufl. 2017, Rn. 332 ff.

Teilmitgliedschaft[41] eines Staates in der EU. Die Vorschrift führe damit zur „Möglichkeit einer rückschreitenden Differenzierung".[42] Eine Grenze für den Teilaustritt wird erst dann gesehen, wenn der Austritt rechtsmissbräuchlich erfolgen soll. Dies wird dann angenommen, wenn die Bindungswirkungen des Unionsrechts reduziert werden, obwohl der Staat gleichzeitig alle Mitgliedschaftsrechte beibehält.[43]

Andere lehnen diese Auffassung ab, da Art. 50 EUV nur ein Austrittsrecht aus der EU als Ganzes erlaube;[44] ein a maiore ad minus-Schluss sei damit nicht vereinbar. Selbst wenn Art. 50 Abs. 2 EUV nicht ausdrücklich diese Teilmitgliedschaft „erlaube", könnte es faktisch durch entsprechende Austrittsabkommen zu einer solchen Teilmitgliedschaft kommen, wird dabei eingestanden.[45]

In der Tat sieht Art. 50 Abs. 1 EUV eine Teilmitgliedschaft nicht vor. Der Wortlaut spricht deutlich von der „Mitgliedschaft" in der Union, also ganz oder gar nicht. Eine systematische Auslegung legt gleichwohl ein anderes Ergebnis nahe. Denn das Unionsrecht kennt durchaus abgestufte Integrationsstufen. So umfasst die Währungsunion nicht alle EU-Mitgliedstaaten (Art. 136 ff. AEUV). Art. 20 EUV, 326 ff. AEUV ermächtigen Staaten zur verstärkten Zusammenarbeit und im Rahmen der Art. 42, 46 EUV ist im Dezember 2017 eine ständige strukturierte Zusammenarbeit im Be-

---

41 *Dörr*, in: Grabitz/Hilf/Nettesheim (Hrsg.), Das Recht der EU, 45. Lfg. 2011, Art. 50 EUV Rn. 30; *Michl*, Die formellen Voraussetzungen für den Austritt des Vereinigten Königreichs aus der Europäischen Union, NVwZ 2016, 1365 (1367).

42 *Bruha/Nowak*, Recht auf Austritt aus der Europäischen Union? AVR 42 (2004), S. 1 (24). Zustimmend *Dörr*, in: Grabitz/Hilf/Nettesheim (Hrsg.), Das Recht der EU, 45. Lfg. 2011, Art. 50 EUV Rn. 30.

43 *Dörr*, in: Grabitz/Hilf/Nettesheim (Hrsg.), Das Recht der EU, 45. Lfg. 2011, Art. 50 EUV Rn. 30.

44 *Calliess*, in: Calliess/Ruffert (Hrsg.), EUV/AEUV, 5. Aufl. 2016, Art. 50 EUV Rn. 18. Im Ergebnis auch *Streinz*, in: Streinz (Hrsg.), EUV/AEUV, 3. Aufl. 2018, Art. 50 EUV Rn. 11, der allerdings auf die politischen Hürden und die Kontrollbefugnis des EuGH abstellt. So wohl im Ergebnis auch *Heintschel von Heinegg*, in: Vedder/Heintschel von Heinegg (Hrsg.), Europäisches Unionsrecht, 2. Aufl. 2018, Art. 50 EUV Rn. 6, der von einer Ausgestaltung des Verhältnisses auf einer Skala der vollständigen Loslösung bis zum Beispiel Norwegen oder Schweiz ausgeht.

45 *Haratsch/Koenig/Pechstein*, Europarecht, 11. Aufl. 2018, Rn. 109.

reich der GASP begründet worden.[46] „Differenzierte Integration"[47] gibt es heute schon im Primärrecht. Sinn und Zweck der Union ist die „Schaffung einer immer engeren Union der Völker Europas", wie Erwägungsgrund 13 der Präambel des EUV festhält. Auch wenn das finale Ziel der Union offenbleibt – nicht zuletzt war gerade das VK ein Kritiker der „ever closer union" – ist doch eine immer tiefere Integration mehr als angedeutet. Nach Sinn und Zweck ist die mit einer Teilmitgliedschaft erreichte Teilintegration einer mit einer Nichtmitgliedschaft verbundenen Nichtintegration vorzuziehen.[48] Solange die praktische Wirksamkeit des Unionsrechts nicht gefährdet ist, ist eine Teilmitgliedschaft damit zulässig. Dies ist dadurch verstärkt, dass das effet utile-Prinzip ebenfalls Teil der teleologischen Auslegung des Unionsrechts ist.

v. Argumente für Primärrechtsnatur

Es gilt, nun die Einordnung des DWA in die Quellensystematik des Unionsrechts vorzunehmen. Für eine Einordnung als Primärrecht spricht der Charakter des DWA als Austrittsabkommen. Inhaltlich wird der Beitritt aus den Verträgen subtrahiert, es geht um die Stellung des VK als Mitgliedstaat der Union. Das DWA kann damit als actus contrarius zum Beitritt angesehen werden. Der Beitritt eines beitrittswilligen Staates erfolgt durch einen völkerrechtlichen Vertrag, der von den bisherigen Mitgliedstaaten und dem neuen Mitgliedstaat ratifiziert werden muss, Art. 49 UAbs. 2 EUV.[49] Daher wäre es schlüssig, auch das Austrittsabkommen auf Primärrechtsebene anzusiedeln.

---

46 Beschluss (GASP) 2017/2315 des Rates vom 11.12.2017 über die Begründung der Ständigen Strukturierten Zusammenarbeit (PESCO) und über die Liste der daran teilnehmenden Mitgliedstaaten, Abl. 2017, L-331/57.

47 Zur Terminologie *Ruffert*, in: Calliess/Ruffert (Hrsg.), EUV/AEUV, 5. Aufl. 2016, Art. 20 EUV Rn. 3 ff.

48 Als dritte Variante gibt es freilich noch die Nichtmitgliedschaft mit Teilintegration, wie vor allem das Beispiel EWR zeigt.

49 Vgl. *Pechstein*, § 15 Mitgliedschaftsordnung der EU, in Hatje/Müller-Graff (Hrsg.), Enzyklopädie Europarecht I – Europäisches Organisations- und Verfassungsrecht, 2014, Rn. 11 ff.

vi. Argumente für Zwischenrang als völkerrechtlicher Vertrag der EU

Art. 50 Abs. 2 EUV wird von der herrschenden Meinung dahingehend interpretiert, dass ein Austrittsabkommen als völkerrechtlicher Vertrag der Union mit dem austretenden Mitgliedstaat als Vertragspartner geschlossen wird. Dies wird u.a. damit begründet, dass auf die Vorschriften des AEUV zum Abschluss völkerrechtlicher Verträge der Union verwiesen wird (Art. 216 ff. AEUV) und das unionsinterne Verfahren für das Austrittsabkommen (mit wenigen Modifikationen) identisch ist mit dem unionsinternen Verfahren für andere völkerrechtliche Verträge.[50] Nach Art. 216 Abs. 3 AEUV stehen diese völkerrechtlichen Verträge zwischen dem Unionsprimär- und Unionssekundärrecht.[51]

vii. Argumente für sui generis

Im Rat soll das Argument vorgebracht worden sein, dass das Abkommen ein Abkommen sui generis darstelle.[52] Angesichts der Herausforderung, dass eine außergewöhnliche Situation geregelt werden soll, welche sich dann auch noch auf den gesamten acquis communautaire beziehen und damit einen gewaltigen Regelungsbereich abdecken müsste, scheint diese Forderung nicht ganz unberechtigt.

Diese Komplexität darf aber nicht darüber hinwegtäuschen, dass sich die einzelnen Teile durchaus in das bestehende System einpassen lassen. Das DWA mag nicht als Ganzes einfach zu fassen sein, aber das allein rechtfertigt nicht den Rückzug auf die Position „sui generis“.

viii. Stellungnahme

Gegen die Einordnung als Primärrecht spricht, dass ein Austrittsabkommen, anders als ein Beitrittsabkommen, gerade nicht zwischen den Mit-

---

50 So wohl auch *Dörr*, in: Grabitz/Hilf/Nettesheim (Hrsg.), Das Recht der EU, 45. Lfg. 2011, Art. 50 EUV Rn. 9, weil Art. 50 Abs. 2 EUV einen Anwendungsfall der völkerrechtlichen Vertragsschlussbefugnis der EU enthält und Art. 50 Abs. 2 EUV die Stellung des Völkerrechts in der Normenhierarchie der EU „reflektiere“.

51 Vgl. *Vöneky/Beylage-Haarmann*, in: Grabitz/Hilf/Nettesheim (Hrsg.), Das Recht der Europäischen Union, 45. Lfg. (Aug. 2011), Art. 216 AEUV Rn. 41.

52 Das berichtet *Skouris*, Brexit: Rechtliche Vorgaben für den Austritt aus der EU, EuZW 2016, 806 (808).

gliedstaaten als Herren der Verträge, sondern zwischen Union und austretendem Mitgliedstaat geschlossen wird. Betrachtet man dies schlicht so rechtsquellenorientiert, dann ist das DWA gerade nicht actus contrarius[53] zum Beitrittsabkommen von 1972.[54]

Gegen eine Einordnung auf primärrechtlicher Ebene spricht auch, dass durch das DWA die primärrechtlichen Verträge, also insb. EUV und AEUV, nicht geändert werden. Die durch den Brexit erforderlichen Änderungen des Primärrechts (etwa Stimmenverhältnisse) müssen anlässlich des Austritts angepasst werden. Dies ist folgerichtig, da EUV und AEUV zwischen den Mitgliedstaaten geschlossen wurden und nur diese für deren Änderung zuständig sind (vgl. Art. 48 EUV).[55]

Das Argument, dass ein Austrittsabkommen ein Rechtsakt sui generis sei, könnte – wenn überhaupt – nur in Ermangelung einer anderen Qualifizierung überzeugen. Das DWA wird jedoch aus unionsrechtlicher Sicht nahezu wie jedes andere völkerrechtliche Abkommen der Union geschlossen. Seine Stellung ergibt sich aus dem Verweis des Art. 50 Abs. 2 S. 3 EUV auf Art. 218 AEUV. Auch wenn in Art. 50 Abs. 2 EUV nicht von der Natur und vom Rang eines Austrittsabkommens die Rede ist, kann diese Stellung daraus geschlossen werden, dass ein Austrittsabkommen in verfahrenstechnischer Hinsicht wie ein anderes Abkommen der EU behandelt wird. Auch andere umfangreiche und bedeutende Abkommen der EU zur Integration anderer Staaten sind als völkerrechtliche Abkommen zu klassifizieren, die im Rang zwischen Primär- und Sekundärrecht stehen. Dazu gehören bedeutende Freihandelsabkommen wie das CETA-Abkommen zwischen der Union und Kanada[56] oder das Freihandelsabkommen zwischen der Union und Korea[57] sowie das EWR-Abkommen.[58] Damit passt sich das konkrete DWA in die hergebrachte Normenpyramide des Unionsrechts

53 So bereits *Bruha/Nowak*, Recht auf Austritt aus der Europäischen Union? AVR 42 (2004), S. 1 (9).

54 Vertrag zwischen den Mitgliedstaaten der EG und dem Königreich Dänemark, Irland, dem Königreich Norwegen und dem Vereinigten Königreich von Großbritannien und Nordirland, Abl. EG 1972, L-73/5.

55 *Dörr*, in: Grabitz/Hilf/Nettesheim (Hrsg.), Das Recht der EU, 45. Lfg. 2011, Art. 50 EUV Rn. 10; *Simon*, Rechtliche Vorgaben für den Austritt des Vereinigten Königreichs aus der EU, JuristenZeitung 2017, 481 (487 f.).

56 Umfassendes Wirtschafts- und Handelsabkommen (CETA) zwischen Kanada einerseits und der Europäischen Union und ihren Mitgliedstaaten andererseits, ABl. 2017, L-11/23.

57 Freihandelsabkommen zwischen der Europäischen Union und ihren Mitgliedstaaten einerseits und der Republik Korea andererseits, ABl. EU 2011, L-127/6.

58 Abkommen über den Europäischen Wirtschaftsraum, ABl. 1994, L-1/1.

ein mit der bedeutsamen Folge, dass der EuGH zuständig ist bzw. zuständig sein müsste.

b) Rechtswirkungen

Das DWA ist in allen seinen Teilen verbindlich. Die Rechtswirkungen des DWA und die darin referenzierten Teile des Unionsrechts sollen im VK den Rechtwirkungen entsprechen, welche das DWA und das Unionsrecht in der Union und ihren Mitgliedstaaten entfalten (Art. 4 Abs. 1 UAbs. 1 DWA). Insbesondere gilt der Anwendungsvorrang[59] und Individuen können sich unmittelbar auf Vorschriften beziehen, wenn diese unmittelbare Wirkung entfalten (Art. 4 Abs. 1 UAbs. 2 DWA).

c) Auslegung

i. Auslegung des DWA...

Ausgelegt werden soll das Abkommen nach den im Unionsrecht etablierten Regelungen (Art. 4 Abs. 3 DWA).[60] Damit sind die grammatikalische, systematische, teleologische und historische Auslegung heranzuziehen.[61] Von besonderer Bedeutung[62] ist die Berücksichtigung des effet utile, einer Spielart der teleologischen Auslegung. Damit beruft sich der EuGH auf die praktische Wirksamkeit des Unionsrechts als leitendem Auslegungsgesichtspunkt.

---

59 So die Stellungnahme der britischen Regierung, *HM Government*, Explainer for the agreement on the withdrawal of the United Kingdom of Great Britain and Northern Ireland from the European Union, 14.11.2018, Rn. 23.

60 Ausführlich *Stotz*, § 22 Die Rechtsprechung des EuGH, in: Riesenhuber (Hrsg.), Europäische Methodenlehre, 3. Aufl. 2015, Rn. 11 ff.

61 *Haratsch/Koenig/Pechstein*, Europarecht, 11. Aufl. 2018, Rn. 489.

62 *Haltern*, Europarecht Bd. II, 3. Aufl. 2017, Rn. 618; *Stotz*, § 22 Die Rechtsprechung des EuGH, in: Riesenhuber (Hrsg.), Europäische Methodenlehre, 3. Aufl. 2015, Rn. 15 f.

ii. ...im Lichte der Schlussfolgerungen des Europäischen Rates vom 13. Dezember 2018 und der Politischen Erklärung?

Im Januar 2019 verständigten sich die Premierministerin auf der einen und die Präsidenten des Europäischen Rats und der Kommission auf der anderen Seite darauf, dass die Schlussfolgerungen des Europäischen Rates[63] und die politische Absichtserklärung bei der Auslegung des DWA und insb. des NIP herangezogen werden könnten. Allerdings bilden beide Dokumente keinen Vertragsbestandteil.[64]

Diesem Ergebnis ist zuzustimmen. Wie sie völkervertragsrechtlich einzuordnen sind, bleibt jedoch offen. Die Schlussfolgerungen und die Politische Erklärung können entweder als ergänzendes Auslegungsmittel nach Art. 32 WVK oder als „sich auf den Vertrag beziehende Übereinkunft" zwischen allen Vertragsparteien nach Art. 31 Abs. 2 lit. a) WVK bzw. als sich auf den Vertragsabschluss beziehende einseitige Urkunde, die von der anderen Vertragspartei angenommen wurde, nach 31 Abs. 2 lit. b) WVK anzusehen sein.

Der Unterschied besteht darin, dass ergänzende Auslegungsmittel zur Auslegung herangezogen werden können, wenn die Auslegung des Vertrags selbst die Bedeutung mehrdeutig oder dunkel lässt oder zu einem offensichtlich sinnwidrigen oder unvernünftigen Ergebnis führt. Sie sind daher erst heranzuziehen, wenn die grammatikalische, systematische, teleologische und historische Auslegung zu keinem Ergebnis führt. Eine sich auf den Vertrag beziehende Übereinkunft bzw. eine sich auf den Vertragsabschluss beziehende Urkunde ist bereits bei der systematischen Auslegung zu berücksichtigen. Solche Dokumente haben damit, verglichen mit den von Art. 32 WVK erfassten Auslegungsmitteln, eine gesteigerte Bedeutung für die Auslegung.[65]

Fraglich ist nun, wie die Schlussfolgerungen des Europäischen Rates und die politische Absichtserklärung einzuordnen sind. Festzuhalten bleibt, dass sowohl die Schlussfolgerungen als auch die Erklärung keine

63 Außerordentliche Tagung des Europäischen Rates (Artikel 50) vom 13.12.2018 – Schlussfolgerungen, EUCO XT 20022/18.

64 Briefwechsel zwischen der Premierministerin und den Präsidenten des Europäischen Rats und der Kommission vom 14.1.2019. So auch der Rechtsberater der Premierministerin, s. Protocol on Ireland/Northern Ireland – Exchange of Letters vom 14.1.2019.

65 So bereits *International Law Commission*, Draft Articles on the Law of Treaties with commentaries, Yearbook of the International Law Commission 1966, vol. II, S. 221/Art. 27 Rn. 13.

Vertragsbestandteile des DWA sind. Das hindert es nicht, sie nach Maßgabe des in Art. 31 Abs. 2 WVK kodifizierten Gewohnheitsrechts im systematischen Zusammenhang zu berücksichtigen. Eine sich auf den Vertrag beziehende Übereinkunft bzw. eine sich auf den Vertragsabschluss beziehende Urkunde ist gerade kein Vertragsbestandteil, wie sich aus dem Chapeau des Art. 31 Abs. 2 WVK ergibt („außer dem Vertragswortlaut samt Präambel und Anlagen").

Die Politische Erklärung kann nunmehr sowohl nach Art. 32 WVK als auch nach Art. 31 Abs. 2 lit. a) WVK zu berücksichtigen sein. Die besseren Argumente sprechen jedoch für eine Einbeziehung bereits in den systematischen Zusammenhang als eine sich auf den Vertrag beziehende Übereinkunft. Denn zunächst ist beiden Parteien die Bedeutung der Erklärung bewusst: in der innerbritischen Diskussion nahm zumindest die Regierungschefin die Erklärung als Rettungsanker für das DWA wahr. Gespiegelt wird dies im Brief der beiden Repräsentanten der Union, die beide ausdrücklich auf die Bedeutung eingehen. Des Weiteren handelt es sich bei der Politischen Erklärung nicht etwa um spontane Äußerungen nach dem erfolgreichen Abschluss der Verhandlungen, sondern um eine ausverhandelte Erklärung, deren Umriss in einer früheren Verhandlungsphase sogar gemeinsam mit dem DWA veröffentlicht wurde. Schlussendlich spricht auch der Parteiwille dafür, der Erklärung gesteigerte Bedeutung beizumessen. Unüblich ist es im Rahmen des Abschlusses eines völkerrechtlichen Vertrages nicht nur, ein solches Dokument formal anzunehmen,[66] sondern auch, der anderen Vertragspartei gegenüber die integrale Bedeutung der politischen Erklärungen in Zusammenhang mit dem Vertrag herauszuheben. Die Erklärung ist weder bloß eine vorbereitende Unterlage, wie von Art. 32 WVK verlangt, noch ein vergleichbares Dokument. Sie ist von gesteigerter Bedeutung, was es erlaubt, sie als Übereinkunft nach Art. 31 Abs. 2 lit. a) WVK zu betrachten. Dies gilt auch für die zweite politische Erklärung, auf die sich die beiden Vertragsparteien im März 2019 geeinigt haben. Gleiches gilt für die neue Politische Erklärung von Oktober 2019, welche die früheren Erklärungen ersetzt.

Vergleichbares gilt ebenfalls für die Schlussfolgerungen des Europäischen Rates. Die erste Schlussfolgerung ist nämlich die wiederholte Billigung von DWA und Politischer Erklärung.[67] Der Europäische Rat geht

---

66 *Dörr*, in: Dörr/Schmalenbach (Hrsg.), Vienna Convention on the Law of Treaties, 2. Aufl. 2018, Art. 31 Rn. 61.

67 Außerordentliche Tagung des Europäischen Rates (Artikel 50) vom 13.12.2018 – Schlussfolgerungen, EUCO XT 20022/18, Rn. 1.

hier auf die für die Premierministerin besonders bedeutsamen Punkte ein und versuchte damit, ihr bei der Auseinandersetzung im britischen Parlament um die Ratifizierung des DWA unter die Arme zu greifen.

Demnach sind die Dokumente im systematischen Zusammenhang zu berücksichtigen. Sie sind nicht bloß vorbereitende Arbeiten des Vertragsschlusses.

2. *Beginn und Ende des Abkommens*

a) Inkrafttreten

Das Inkrafttreten des Abkommens ist in Art. 185 DWA in seiner Komplexität niedergelegt. Das gesamte Regelungswerk tritt unter der Bedingung in Kraft, dass Union und VK den Depositar über die innerstaatliche Ratifikation informiert haben.

Die Anwendbarkeit der verschiedenen Teile des DWA ist unterschiedlich geregelt. Teile 2 und 3 des DWA i.e.S., also die Regelungen über Rechte von Individuen und die Trennungsvorschriften, werden erst nach Ende der Implementierungsphase anwendbar. Das ergibt auch Sinn, denn während der Implementierungsphase ist das Unionsrecht sowieso anwendbar. Wenn dies auch mit Einschränkungen passiert, so sind doch Unions- und Königreichsbürger*innen von diesen Vorschriften erfasst und geschützt gewesen. Auch Abschnitte des sechsten Teiles des DWA i.e.S. sollen erst nach der Implementierungsphase angewandt werden. Es handelt sich im Einzelnen um Zuständigkeiten des EuGH nach der Implementierungsphase und die Regelungen über Streitbeilegung.

Die beiden Protokolle über Nordirland und Zypern sind nach dem Ablauf der Implementierungsphase anwendbar. Die so genannte Backstop-Lösung über die irische Insel hätte sinnvollerweise erst dann anwendbar werden sollen, weil sie die harte „inner-irische" Grenzen verhindern sollte und als Notfalllösung gedacht war.

b) Ende des Abkommens

i. Auslegung des DWA

Ein Datum für das Außerkrafttreten oder die Unanwendbarkeit kennt das DWA in seiner ursprünglichen Fassung nur für das Protokoll über Gibraltar, welches mit Ablauf der Übergangsfrist nicht mehr angewandt werden sollte. Für das Ende der Rechtswirkungen oder Anwendbarkeit der übrigen Teile des DWA i.w.S. wird keine konkrete Bestimmung getroffen.

Dennoch hat dies nicht den Umkehrschluss zur Folge, dass das DWA auf Dauer gelten soll. Denn ein dauerhaftes Bestehen des DWA widerspräche dem Sinn und Zweck des Abkommens und wäre auch mit dem Willen der Parteien nicht in Einklang zu bringen.[68] Das DWA selbst möchte den Austritt regeln und seine Folgen abmildern (Erwägungsgründe 3, 5, 6, 7 Präambel DWA). Es ist damit seinem Ziel nach auf die Regelung eines begrenzten Übergangszeitraums gerichtet, in dem diese Folgen abgemildert werden sollen. Zugleich erkennen die Vertragsparteien die Notwendigkeit einer beständigeren Lösung an und verpflichten sich, so schnell es geht Verhandlungen über ein oder mehrere Abkommen über ihre zukünftigen Beziehungen aufzunehmen (Erwägungsgrund 16 Präambel DWA).

Die systematische Auslegung stützt dieses Ergebnis, denn in Teil 2 und 3 werden solche Sachverhalte geregelt, die in der Implementierungsphase entstehen. Für die Bindung des VK an völkerrechtliche Verträge der EU in der Implementierungsphase und den Abschluss neuer völkerrechtlicher Verträge durch die EU oder das VK werden in Art. 129 Abs. 3, 4, DWA Regelungen getroffen, welche die Integrität der Unionsrechtsordnung und die unionale Verhandlungsposition genauso sichern wie die Möglichkeit des VK, schon vor Ablauf der Implementierungsphase völkerrechtliche Abkommen für die Zeit danach zu treffen (vgl. a. Erwägungsgrund 9 Präambel DWA). Der EuGH behält für einen Zeitraum von acht Jahren nach Ablauf der Implementierungsphase Zuständigkeiten über bestimmte Fragen des DWA-Rechts (Art. 158 DWA). Im Lichte der Politischen Erklärung ist ebenfalls von einer nur vorübergehenden Anwendbarkeit des DWA auszugehen. Die Vertragsparteien betonen, dass das DWA keine Dauerlösung anstrebe und die zukünftigen Beziehungen einem anderen Abkommen vorbehalten seien. In der alten Fassung der Erklärung hatten beide Vertragsparteien in Bezug auf das NIP sogar gehofft, dass es niemals angewandt werden müsse, weil bis zum 1. Januar 2021 eine bessere Lösung gefunden werden sollte.

Auch angesichts der Tatsache, dass andere Vorschriften Regelungen treffen, die lange nach der Implementierungsphase gelten, bleibt das Ergebnis der systematischen Auslegung. Diese Regelungen mit längerer Anwendbarkeit treffen eher technische Fragen, die mit den Regelungen in der

68 S. auch den Briefwechsel zwischen der Premierministerin und den Präsidenten des Europäischen Rats und der Kommission vom 14.1.2019.

Übergangsphase zusammenhängen. So werden etwa in Art. 14 Abs. 1 UAbs. 2 DWA Bestimmungen über die Identifikation von Individuen durch Personaldokumente fünf Jahre nach Ablauf der Implementierungsphase getroffen. In Teil 5 werden vereinzelte Finanzierungsregeln für die Zeit ab Januar 2021 getroffen. Auch die Tatsache, dass die Treffen des Joint Committee und der Specialized Committees jährlich mindestens einmal stattfinden sollten (Art. 164 Abs. 2, Art. 165 Abs. 2 UAbs. 2 DWA) und die Regelungen über die Streitbeilegung ebenfalls nicht mit einem Enddatum versehen sind, ist dem Umstand geschuldet, dass nicht alle Folgen des DWA am Stichtag 31.12.2020 absehbar und gelöst sind.

Ein Umkehrschluss aus Art. 185 DWA, der nur ein Enddatum für das Gibraltar-Protokoll vorsieht, verbietet sich auch selbst angesichts der Tatsache, dass im Erwägungsgrund 12 der Präambel des DWA auf die „durable arrangements“ in Bezug auf die irische Insel und Zypern verwiesen wird. Damit sind die beiden Protokolle gemeint; das englische Adjektiv lässt sich wohl am besten mit „dauerhaft“ oder „beständig“ übersetzen. Denn schlussendlich bleibt es bei der teleologischen und systematischen Auslegung, die ihre ausdrückliche Bestätigung in Erwägungsgrund 4 der Präambel des NIP a.F. findet: Deutlich und explizit erinnern die beiden Vertragsparteien daran, dass das DWA keine dauerhafte Beziehungsregel sein soll.

Auch wenn das DWA nicht auf unbestimmte Zeit gelten sollte, bleibt es dabei: Im gesamten DWA findet sich kein explizites Enddatum.[69] Wie mit dem Widerspruch, dass das Abkommen nicht auf Dauer gelten soll, aber kein Enddatum vereinbart wurde, umzugehen ist, ist gerade in Bezug auf die erste Fassung des NIP im VK Anlass für die Ablehnung des Regelungspakets gewesen.[70] Festzuhalten bleibt: Das DWA wird beendet, unklar ist nur wann und wie.

ii. Fehlende Anwendbarkeit der Wiener Vertragsrechtskonventionen

Die Frage, wie das Abkommen außer Kraft tritt bzw. nicht mehr angewandt wird, obgleich kein Enddatum vereinbart ist, muss anders beantwortet werden. Ausgangspunkt ist die Tatsache, dass das DWA ein völkerrechtlicher Vertrag ist. Völkerrechtliche Verträge können, wie andere Verträge auch, ihrer Bindungswirkung verlustig gehen. Das Recht der völker-

---

69 Mit der erwähnten Ausnahme des Gibraltar-Protokolls.

70 Vgl. Rede von Theresa May am 14.1.2019, https://www.gov.uk/government/speeches/pms-brexit-speech-in-stoke-on-trent-14-january-2019.

rechtlichen Verträge ist in der Wiener Vertragsrechtskonvention von 1966[71] sowie dem Wiener Übereinkommen über das Recht der Verträge zwischen Staaten und internationalen Organisationen oder zwischen internationalen Organisationen[72] niedergelegt.

Die Wiener Vertragsrechtskonvention ist nicht auf das DWA anwendbar. Denn deren Anwendungsbereich ist beschränkt auf zwischenstaatliche Verträge (Art. 1 WVK). Folgerichtig ist die EU keine Vertragspartei der WVK, weil diese eben nur von Staaten ratifiziert werden kann (Art. 81 WVK).

In Frage käme die Anwendbarkeit des Wiener Übereinkommens über das Recht der Verträge zwischen Staaten und internationalen Organisationen oder zwischen internationalen Organisationen, denn diese wäre auf den Vertrag zwischen EU und VK anwendbar (Art. 1 lit. a] WVKIO). Allerdings ist diese noch nicht in Kraft getreten.[73] Während hier das VK bereits 1991 ratifiziert hat, steht eine Ratifikation durch die EU ohnehin aus.

iii. Völkergewohnheitsrechtliche Beendigungsmöglichkeiten des DWA

Sowohl in der WVK als auch in der WVKIO finden sich zahlreiche Regelungen über Ungültigkeit, Beendigung und Suspendierung der vom Anwendungsbereich erfassten Verträge, die inhaltlich identisch sind (Art. 42–64 WVK und Art. 42–64 WVKIO).[74] Zumindest diese Vorschriften der WVK und WVKIO kodifizieren dabei geltendes Gewohnheitsrecht.[75] Realistischerweise kommen die folgenden Beendigungs- oder Suspendierungsgründe in Betracht.

Zunächst können die beiden Vertragsparteien übereinkommen, das DWA zu beenden oder zu suspendieren. Dies entspricht dem völkerrecht-

71 BGBl. 1985-II, 926.

72 BGBl. 1990-II, 1415.

73 https://treaties.un.org/Pages/ViewDetails.aspx?src=TREATY&mtdsg_no=XXIII-3&chapter=23&lang=en#4.

74 International Law Commission, Draft articles on the law of treaties between States and international organizations or between international organizations with commentaries, Yearbook of the International Law Commission 1982 II, part two, Art. 42–44 Rn. 1 / S. 49.

75 *Heintschel von Heinegg*, § 18 Ungültigkeit von Verträgen und Fortfall der Vertragsbindung, in: Ipsen, Völkerrecht (hrsg. von Epping/Heintschel von Heinegg), 7. Aufl. 2018, Rn. 3 f.

lichen Konsensprinzip und dessen völkergewohnheits-rechtlicher Ausprägung, wie sie in Art. 57 WVK/WVKIO kodifiziert wurde.

Fraglich und umstritten ist der Punkt, ob sich die Vertragsparteien auch jeweils einseitig lösen können. Im Ergebnis ist dies abzulehnen, auch wenn sich Politiker im Vereinigten Königreich dies gewünscht hätten.

Denn die Parteien haben anderes vereinbart, namentlich den Ausschluss der einseitigen Kündigung (vgl. Art. 56 WVK/WVKIO). Aus der Wortlautauslegung des DWA ergeben sich weder Kündigungsmöglichkeit noch ein Verbot dieser. Die systematische Auslegung spricht ebenso wie teleologische Gesichtspunkte für einen Ausschluss der einseitigen Kündigung. Sinn und Zweck ist es, einen harten Brexit zu verhindern und für eine Übergangszeit von ursprünglich anderthalb Jahren und nunmehr nur elf Monaten Lösungen im DWA zu finden, um den Vertragsparteien Zeit für Verhandlungen zu erkaufen, währenddessen die betroffenen Individuen und Marktteilnehmer nicht völlig schutzlos gestellt werden sollen. Die Vertragsparteien mögen das Verhandlungsergebnis nicht besonders („suboptimal“ nannte es *Juncker*[76]), fürchteten den ungeregelten Brexit aber noch mehr. Den Parteien ist bewusst und bedeutend, dass es sich um keine dauerhafte Lösung handelt. Denn die Vertreter der EU betonen, wie wichtig zukünftige Beziehungen sind und dass das DWA und die Politischen Erklärungen die Grundlage für den weiteren Prozess bilden. Das DWA sollte spätestens alle sechs Monate überprüft werden.[77] Eine einseitige Lösungsmöglichkeit, um in einen schlechteren Zustand zurückzufallen, ist daher auch im Lichte der nur vorübergehenden Regelungsmaterie ausgeschlossen.

Die Voraussetzungen, um sich einseitig wegen einer grundlegenden Änderung der Umstände vom Vertrag zu lösen (clausula rebus sic stantibus, Art. 62 WVK), sind so hoch, dass eine Beendigung aus diesem Grund nicht realistisch erscheint, insbesondere weil eine grundlegende Änderung der Umstände, die nicht vorausgesehen wurde, nicht vorliegen dürfte. Schon die Auflösung des Vertragssubjekts VK in seiner heutigen Form bzw. das Ausscheiden von Nordirland oder Schottland wird befürchtet.[78] Wenn schon dieses Problem die Vertragsparteien nicht am Abschluss des DWA

---

76 Brief der Präsidenten des Europäischen Rates und der Europäischen Kommission vom 14.1.2019 an die Premierministerin.

77 Political Declaration setting out the Framework for the Future Relationship between the European Union and the United Kingdom, Rn. 147.

78 Rede der Premierministerin vor dem Hosue of Commons, 14.1.2019, https://hansard.parliament.uk/Commons/2019-01-14/debates/B9AD9CDC-0B9C-44B8-A468-45B38CD3B2A2/LeavingTheEU.

gehindert hätte, dann sind weitere grundlegende Umstände kaum vorstellbar.

iv. Beendigungsmöglichkeiten des NIP a. F.

Im Vereinigten Königreich ging es auch nicht um das DWA insgesamt oder das DWA i.e.S., sondern gerade um die Backstop-Lösung für Nordirland und die Möglichkeit, sich davon einseitig zu lösen. Politisch brisant waren damit vor allem Möglichkeiten, sich vom NIP zu lösen.

Der Attorney General, also etwa der Rechtsberater der Premierministerin im VK, hat in einem Rechtsgutachten von November 2018 zu dieser Frage Stellung bezogen.[79] Ausgehend von der Tatsache, dass das DWA im Allgemeinen und das NIP im Besonderen nur eine Übergangsphase regeln sollten,[80] verwies er auf die Pflicht der Vertragsparteien, Verhandlungen über eine dauerhafte Lösung aufzunehmen. Diese müssten in Treu und Glauben erfolgen.[81] Er betonte aber auch, dass es kein festes Enddatum gebe und der Art. 20 NIP die einzige Möglichkeit sei, das NIP außer Anwendung zu setzen. Solange dies nicht passiere, müsse das NIP angewandt werden. Solange die Verhandlungen über ein dauerhaftes Abkommen in gutem Glauben geführt werden würden und selbst in dem Fall, dass die Vertragsparteien zu keinem Ergebnis gelangen, bleibe das NIP anwendbar.[82]

Seinem Ergebnis ist zuzustimmen. Denn ultimativ sollte eine harte „inner-irische" Grenzen vermieden werden (Art. 1 Abs. 3 NIP; Erwägungsgrund 11 Präambel NIP). Die Frage der zeitlichen Anwendbarkeit ist zwar ebenfalls sehr wichtig, tritt in ihrer Bedeutung aber hinter das Hauptziel des NIP zurück. Deutlich wird dies schon daran, dass die EU sich weigerte, ein festes Enddatum für die Anwendbarkeit des NIP niederzulegen. Entscheidend ist, dass sich die Vertragsparteien in Art. 20 NIP auf einen Überprüfungs- und Beendigungsmechanismus geeinigt haben. Diesen Mechanismus hätte jede Vertragspartei in Gang setzen können, wenn sie das Protokoll oder Teile dessen für nicht mehr erforderlich gehalten, um die Ziele

79 *Attorney General*, Legal Effect of the Protocol on Ireland/Northern Ireland, 13.11.2018.

80 *Attorney General*, Legal Effect of the Protocol on Ireland/Northern Ireland, 13.11.2018, Rn. 5, 12.

81 *Attorney General*, Legal Effect of the Protocol on Ireland/Northern Ireland, 13.11.2018, Rn. 12.

82 *Attorney General*, Legal Effect of the Protocol on Ireland/Northern Ireland, 13.11.2018, Rn. 16.

des NIP zu erreichen (Art. 20 Abs. 1 NIP), und dies der Vertragspartnerin unter Angabe von Gründen mitgeteilt hätte. Das Joint Committee hätte in der Folge über die Mitteilung beraten. Nur wenn sich beide Vertragsparteien im Joint Committee einig gewesen wären, wäre das NIP nicht mehr angewandt worden (Art. 20 Abs. 3 NIP). Durch diesen Mechanismus haben sich die Parteien auf einen Beendigungs- bzw. Suspendierungsmechanismus geeinigt. Im Umkehrschluss waren einseitige Kündigungshandlungen nach dem Wortlaut und dem telos ausgeschlossen.

In welcher Situation das NIP nicht mehr erforderlich sein sollte, ist schwer vorstellbar. Aufgrund der hohen Bedeutung, welche die Vertragsparteien der durchlässigen „inner-irischen" Grenze zuweisen, ist eigentlich nur eine Situation vorstellbar, in der die Regelungen des NIP nicht mehr erforderlich sind, und das ist der Abschluss eines anderen Vertrages.[83]

v. Beendigungsmöglichkeiten des NIP n. F.

Im Oktober 2019 haben sich die Vertragsparteien auf eine grundverschiedene Beendigungsmöglichkeit geeinigt. Die Vertragsparteien einigen sich darauf, die Laufzeit des NIP von einer demokratischen Legitimation in Nordirland abhängig zu machen.

Dieses Verfahren ist in Art. 18 NIP niedergelegt.[84] Vier Jahre nach dem Ende der Erstlaufzeit („initial period") muss die Nordirlandversammlung der Weitergeltung des Protokolls zustimmen (Art. 18 Abs. 1, 5 NIP). Spricht sich die Nordirlandversammlung gegen die Weitergeltung aus, so läuft das Protokoll nach zwei Jahren aus (Art. 8 Abs. 4 NIP). Stimmt die Versammlung mit einfacher Mehrheit zu, so gilt das Protokoll vier weitere Jahre. Hat die Zustimmung „cross-community support" so gilt das Protokoll für weitere acht Jahre. Diese Hürde des „cross-community support"

---

83 *Attorney General*, Legal Effect of the Protocol on Ireland/Northern Ireland, 13.11.2018, Rn. 25.

84 Das innerbritische Verfahren ist in einer Erklärung niedergelegt, vgl. Declaration by Her Majesty's Government of the United Kingdom of Great Britain and Northern Ireland concerning the operation of the 'Democratic consent in Northern Ireland' provision of the Protocol on Ireland/Northern Ireland, vom 19. Oktober 2019, erhältlich unter https://assets.publishing.service.gov.uk/government/uploads/system/uploads/attachment_data/file/840657/Declaration_by_Her_Majesty_s_Government_of_the_United_Kingdom_of_Great_Britain_and_Northern_Ireland_concerning_the_operation_of_the__Democratic_consent_in_Northern_Ireland__provision_of_the_Protocol_on_Ireland_Northern_Ireland.pdf.

stammt aus dem Karfreitagsabkommen und sichert dort die Zustimmung von Unionisten bzw. Loyalisten sowie Nationalisten bzw. Republikanern und damit schlussendlich konfessionsübergreifenden Konsens (Strang Eins, Rn. 5 lit. d]).

Auf dem Papier wirkt diese Lösung elegant, wird doch so über die Weitergeltung in der betroffenen Region entschieden; die Grundsätze von Demokratie und Subsidiarität formen das Prozedere. In der Praxis kann dies durchaus heikel werden, denn die Versammlung ist bereits fünfmal von London suspendiert worden – die letzte Suspendierung dauerte von Januar 2017 bis Januar 2020 an. Ob die Nordirlandversammlung also überhaupt in der Lage sein wird, im Jahr 2024 über die Weitergeltung zu entscheiden, steht in den Sternen. In ihrer Erklärung verpflichtet sich die britische Regierung daher, den Beschluss auf andere Weise herbeizuführen. Honi soit qui mal y pense.

3. *Streitbeilegung: EuGH oder Schiedsgericht?*

a) Einleitung

Als völkerrechtlicher Vertrag der Union ist das DWA Teil der Unionsrechtsordnung nach Art. 216 Abs. 2 AEUV.[85] Es bindet die Organe der Union und die Mitgliedstaaten, wie alle anderen völkerrechtlichen Verträge auch. Allen voran ist der EuGH zur Vorabentscheidung über die Auslegung solcher völkerrechtlichen Verträge zuständig.[86] Aus unionsrechtlicher Sicht müsste damit der EuGH auch zur Vorabentscheidung über die Auslegung des DWA zuständig sein. Diese Zuständigkeit ergibt sich aus der Einordnung des DWA in das Gefüge des Unionsrechts.

Damit begibt sich das DWA aber in einen gewissen Widerspruch zu einem der Kernziele des Brexits, nämlich dem Ende eben jener Zuständigkeit des EuGH. Bereits vor Beginn der Austrittsverhandlungen hatte die Premierministerin das Ende der EuGH-Zuständigkeiten als zweiten Kern-

85 St. Rspr. des EuGH, vgl. schon EuGH, Rs. 181/73, Urteil vom 30.4.1974 – *Haegeman*, Rn. 2/6. Konkret für Abkommen nach Art. 50 Abs. 2 EUV *Dörr*, in: Grabitz/Hilf/Nettesheim (Hrsg.), Das Recht der EU, 45. Lfg. 2011, Art. 50 EUV Rn. 32; *Skouris*, Brexit: Rechtliche Vorgaben für den Austritt aus der EU, EuZW 2016, 806 (808).

86 EuGH, Rs. 181/73, Rn. 2/6 – *Haegeman*.

punkt ihrer Bedingungen festgehalten.[87] Auch im weiteren Verlauf der zwei Jahre währenden Verhandlungen blieb dies ein Brennpunkt selbst eines weichen Brexits.[88]

Wie sieht nun die Zuständigkeit des EuGH im DWA aus? Und ist eine mit dem Unionsrecht vereinbare Lösung gefunden worden?

b) DWA und EuGH

Das DWA scheint der britischen Position entgegenzukommen, wenn es in Art. 168 DWA darauf verweist, dass nur die im DWA vorgesehenen Streitbeilegungsverfahren in Betracht kommen. In der nächsten Vorschrift führt das DWA aus, dass solche Streitigkeiten zunächst dem Joint Committee vorgelegt werden sollen (Art. 169 Abs. 1 DWA). Kann dort der Streit nicht beigelegt werden, kann jede Vertragspartei die Einsetzung eines Schiedsgerichts beantragen (Art. 169 Abs. 1 S. 1 DWA). Das DWA sieht für dessen Einsetzung spezifische Regelungen vor (Art. 171 ff. DWA). Eine Entscheidung des Schiedsgerichts ist bindend (Art. 175 S. 1 DWA).

Der EuGH findet sich nur mit begrenzter Zuständigkeit wieder. Während der Implementierungsphase bleibt der EuGH nach Art. 131 DWA voll zuständig. Zur Entscheidung über anhängige Verfahren bleibt der EuGH auch nach Ablauf der Implementierungsphase zuständig (Art. 86 DWA). Nach Art. 158 DWA können britische Gerichte dem EuGH auch nach Ablauf der Implementierungsphase Auslegungsfragen über Teil 2 des DWA vorlegen. Gemäß Art. 160 DWA ist der EuGH auch für Vertragsverletzungsverfahren und Vorabentscheidungsverfahren für ausgewählte Vorschriften des fünften Teils des DWA über Finanzregelungen zuständig. Auch für die Auslegung wichtiger Teile des NIP ist der EuGH nach Art. 12 Abs. 4 NIP (Art. 14 Abs. 4 NIP a.F.) zuständig. Die letzte und wohl wichtigste Zuständigkeit des EuGH ist in Art. 174 DWA geregelt. Wird in einem Schiedsverfahren die Frage nach der Auslegung eines autonomen Begriffs („concept of Union law") oder einer Vorschrift des Unionsrechts oder die Frage der Befolgung von Urteilen des EuGH durch das Vereinigte Königreich (Art. 89 Abs. 2 DWA) gestellt, so soll nicht das Schiedsgericht die Frage beantworten, sondern dem EuGH vorlegen (Art. 174 Abs. 1 S. 2

87 *VK-Premierministerin*, The United Kingdom's exit from and new partnership with the European Union, Februar 2017, S. 13.

88 *VK-Premierministerin*, The future relationship between the United Kingdom and the European Union, Juli 2018, S. 84.

DWA), der für das Schiedsgericht verbindlich entscheidet (Art. 174 Abs. 1 S. 3 DWA).

Es stellt sich nun die Frage, ob und wie dieses System der Streitbeilegung aus unionsrechtlicher Sicht zu beurteilen ist. Gerade die Parallelität von Schiedsgericht und EuGH erscheint dabei problematisch. Die Argumente sollten vorgestellt und im Anschluss eine Entscheidung gefällt werden.

c) Argumente contra Unionsrechtskonformität

Entgegen der allgemeinen Legaldefinition in Art. 2 lit. a) DWA scheint das Abkommen selbst davon auszugehen, kein Teil des Unionsrechts zu sein. Es verlässt sich nämlich zur Streitbeilegung nicht auf die regulären Methoden, namentlich also den EuGH, sondern etabliert einen eigenen Mechanismus.

Der EuGH zumindest sieht jede Abweichung von seinem Auslegungsmonopol kritisch; seine eigene Rechtsprechung geht fast schon unvermeidlich in Richtung Ablehnung.[89] Maßgeblich sind für ihn die Autonomie des Unionsrechts und seine Kompetenz zur letztverbindlichen Auslegung.[90] Im Zweifel geht es also gegen Streitbeilegung außerhalb des EuGH.

d) Vorlageberechtigung des DWA-Schiedsgerichts

i. Schiedsgerichte als vorlageberechtigte Gerichte

Fraglich ist auch, ob das DWA-Schiedsgericht aus unionsrechtlicher Sicht vorlageberechtigt ist. Der Begriff des vorlageberechtigten mitgliedstaatlichen Gerichts in Art. 267 AEUV ist autonom zu bestimmen.[91] In ständiger Rechtsprechung hat der EuGH Kriterien identifiziert, die ein solches Gericht erfüllen muss: Demnach wird „eine unabhängige, durch oder aufgrund eines Gesetzes eingerichtete Instanz voraus[gesetzt], die im Rahmen einer obligatorischen [und ständigen, RF] Zuständigkeit Rechtsstreitigkei-

---

89 *Haltern*, Europarecht Bd. II, 3. Aufl. 2017, Rn. 1740.

90 *Haltern*, Europarecht Bd. II, 3. Aufl. 2017, Rn. 1740.

91 So bereits EuGH, Rs. 61/65, Slg. 66, 584 (602) – *Vaasen-Göbbels*; EuGH, Rs. C-24/92, Rn. 15 – *Corbiau*.

ten unter Anwendung von Rechtsnormen [...] bindend entscheidet."[92] Darunter fallen auch zwischenmitgliedstaatliche Gerichte.[93]

Oft verwiesen wird in diesem Zusammenhang darauf, dass Schiedsgerichte nach dieser Definition nicht vorlageberechtigt seien.[94] Dabei ist zu betonen, dass diese Rechtsprechungslinie vor allem auf private Schiedsgerichte abstellt.[95] Aufgrund der fehlenden obligatorischen und wegen der bestehenden gewillkürten Zuständigkeit[96] sowie der fehlenden Verknüpfung zur innerstaatlichen öffentlichen Gewalt[97] verneint der EuGH deren Vorlageberechtigung.

In einem anderen Fall hat der EuGH entschieden, dass ein tarifvertragliches Schiedsgericht dann vorlageberechtigt ist, wenn seine Anrufung nicht vom Einvernehmen aller Streitparteien abhängt, sondern einseitig angerufen werden kann.[98] Daraus verallgemeinern Teile der Literatur, dass Schiedsgerichte, die einseitig angerufen werden können, vorlageberechtigt sind.[99] Auch wenn die Zusammensetzung des Gerichts nicht frei von den streitenden Parteien entschieden werden kann, seien sie ggf. vorlageberechtigt, sagt der EuGH in einem obiter dictum.[100] Letzteres ist beim DWA-Schiedsgericht nicht relevant, da die Parteien über die Zusammensetzung ad hoc entscheiden (Art. 171 DWA).

Das DWA-Schiedsgericht kann hingegen einseitig angerufen werden. Denn Art. 170 Abs. 1 S. 1 DWA erlaubt es dem VK oder der EU, ohne Zu-

---

92 *Haratsch/Koenig/Pechstein*, Europarecht, 11. Aufl. 2018, Rn. 583, unter Rückgriff auf EuGH, Rs. 61/65, Slg. 66, 584 (602) – *Vaasen-Göbbels*; EuGH, Rs. C-24/92, Rn. 15 – *Corbiau;* EuGH, Rs. C-393/92, Rn. 21 – *Almelo*; EuGH, Rs. C-54/96, Rn. 23 – *Dorsch Consult I.*

93 So etwa der BENELUX-Gerichtshof als gemeinsames Gericht von drei Mitgliedstaaten, das die einheitliche Anwendung der den drei Beneluxstaaten gemeinsamen Rechtsvorschriften sicherstellen soll, vgl. EuGH, Rs. C-337/95, Rn. 19 ff. – *Dior.*

94 *Haratsch/Koenig/Pechstein*, Europarecht, 11. Aufl. 2018, Rn. 583; *Pache*, in: Vedder/Heintschel von Heinegg (Hrsg.), Europäisches Unionsrecht, 2. Aufl. 2017, Art. 267 AEUV Rn. 23; *Ehricke*, in: Streinz (Hrsg.), EUV/AEUV, 3. Aufl. 2018, Art. 267 AEUV Rn. 33; *Wegener*, in: Calliess/Ruffert (Hrsg.), EUV/AEUV, 5. Aufl. 2016, Art. 276 AEUV Rn. 20. Vermittelnd *Schmidt*, in: Immenga/Mestmäcker, EU-Wettbewerbsrecht Bd. I, 5. Aufl. 2012, Art. 267 AEUV Rn. 38; und *Haltern*, Europarecht Bd. II, 3. Aufl. 2017, Rn. 190 ff.

95 EuGH, Rs. 102/81, Rn. 7 ff. – *Nordsee/Reederei Mond.*

96 EuGH, Rs. 102/81, Rn. 11 – *Nordsee/Reederei Mond.*

97 EuGH, Rs. 102/81, Rn. 10 – *Nordsee/Reederei Mond.*

98 EuGH, Rs. 109/88, Rn. 7 – *Danfoss A/S.*

99 *Ehricke*, in: Streinz (Hrsg.), EUV/AEUV, 3. Aufl. 2018, Art. 267 AEUV Rn. 33.

100 EuGH, Rs. 109/88, Rn. 8 – *Danfoss A/S.*

stimmung der anderen Vertragspartei die Einsetzung eines Schiedsgerichts zu fordern, welches dann innerhalb von 15 Tagen errichtet werden soll (Art. 171 Abs. 4 DWA).

ii. Prinzip der begrenzten Einzelermächtigung

Vorläufig ließe sich festhalten, dass das DWA-Schiedsgericht vorlageberechtigt sein könnte. Es stellt sich jedoch noch ein anderes Problem, namentlich dass das DWA-Schiedsgericht in einem völkerrechtlichen Vertrag gegründet und seine Vorlageberechtigung dort geschaffen wurde.

Im vergleichbaren Fall des EWR-Abkommen hatte der EuGH mit dem Vorlagerecht der Streitparteien an den EuGH nach Art. 111 Abs. 3 UAbs. 1 EWR-Abkommen kein unionsrechtliches Problem.[101] Er begründete dies damit, dass die Übertragung neuer Zuständigkeiten in völkerrechtlichen Verträgen der Union zulässig sei, wenn dadurch seine eigene primärrechtliche Aufgabe nicht verfälscht werde.[102] Der EuGH hielt die im EWR-Abkommen vorgesehene eigene Zuständigkeit, auf Antrag der Streitparteien die Auslegung „unionsrechtlicher" Bestimmungen vorzunehmen, für mit dem Unionsrecht vereinbar.[103]

Erstaunlicherweise erwähnte der EuGH den Kern des Problems, nämlich das Prinzip der begrenzten Einzelermächtigung, in seinem Gutachten mit keinem Wort. In der Tat liegt hier das Hauptproblem, das von den Vertragsparteien des DWA sogar erkannt wird. Anders ist die Regelung in Art. 174 Abs. 1 S. 3 DWA nicht zu erklären, wonach sie bestimmen, dass der EuGH über Vorlagefragen des Schiedsgerichts Gerichtsbarkeit haben soll. Dies kann aber nicht überzeugen. Denn die Zuständigkeiten der EU-Organe, wozu auch der EuGH gehört (Art. 13 Abs. 1 EUV), ergeben sich nach dem Prinzip der begrenzten Einzelermächtigung (Art. 5 Abs. 2 S. 1 EUV). Demnach werden die Organe nur in den „Grenzen der Zuständigkeiten tätig, die die Mitgliedstaaten ihr in den Verträgen zur Verwirklichung der darin niedergelegten Ziele übertragen haben" (Art. 5 Abs. 2 S. 1 EUV). Das DWA ist nun aber kein Vertrag der Mitgliedstaaten, sondern ein Vertrag der EU und dem ausscheidenden Mitgliedstaat VK. Dass die EU über das DWA dem EuGH Zuständigkeiten zuschustern möchte, widerspricht nun dem Prinzip der begrenzten Einzelermächtigung. Das

---

101 EuGH, Gutachten 1/92, Rn. 32 ff. – *EWR-Abkommen II*.
102 EuGH, Gutachten 1/92, Rn. 32 – *EWR-Abkommen II*.
103 EuGH, Gutachten 1/92, Rn. 35 – *EWR-Abkommen II*.

Prinzip der praktischen Wirksamkeit des Unionsrechts (effet utile) kann über diese klare und strukturell höchst bedeutsame Bedingung[104] nicht hinweghelfen. Wäre dies der Fall, dann könnte die praktische Wirksamkeit des Unionsrechts über jede noch so kleine oder große praktische oder juristische Hürde hinweghelfen.

Dass der EuGH in Bezug auf das EWR-Abkommen anderer Auffassung ist, hilft über diesen schweren Mangel nicht hinweg. Mehr noch, die Rechtsprechung des EuGH zum EWR-Abkommen ist schlicht nicht auf das DWA übertragbar. Denn während es sich bei DWA um einen völkerrechtlichen Vertrag zwischen der EU und einem ausscheidenden Mitgliedstaat handelt, ist das EWR-Abkommen ein gemischtes Abkommen, eben zwischen allen EU-Mitgliedstaaten, der Union selbst und den drei EFTA-Staaten. Die EU-Mitgliedstaaten als Herren der Verträge können vorsehen, dem EuGH neue Zuständigkeiten einzuräumen. Sie entscheiden über die begrenzten Einzelermächtigungen des EuGH, nicht die Union. Aufgrund des Unterschieds der beiden Abkommen, also EWR-Abkommen und DWA, verbietet sich eine Übertragung der EuGH-Rechtsprechung zum EWR-Abkommen.

Im Ergebnis ließe sich so behaupten, dass das DWA keine Zuständigkeit des EuGH vorsehen kann.

e) Argumente pro Unionsrechtskonformität

Auf der anderen Seite sieht das DWA vor, dass Unionsrechtsfragen vom EuGH beantwortet werden; nichts anderes schreibt Art. 174 Abs. 1 DWA vor, und dies sogar mit verbindlicher Wirkung für das Schiedsgericht. Die Auslegung des Unionsrechts ist damit voll dem EuGH überantwortet. Damit wird seine Aufgabe aus Art. 19 Abs. 1 UAbs. 1 S. 2 EUV gewahrt. Dies ergibt sich daraus, dass Art. 174 Abs. 1 DWA vom „Unionsrecht" spricht. Das „Unionsrecht" umfasst nach der Legaldefinition in Art. 2 lit. a) DWA nicht nur das Primär- und Sekundärrecht sowie allgemeine Grundsätze des Unionsrechts (Nr. i, ii und iii), sondern auch völkerrechtliche Verträge der Union (Nr. iv). Ein solches Abkommen ist, wie bereits festgestellt, auch das DWA.

Des Weiteren sieht der vom DWA etablierte Streitbeilegungsmechanismus zunächst eine politische Lösung vor, denn nichts anderes soll im Joint

---

104 Vgl. a. BVerfGE 123, 267 (381) – *Lissabon*, welches dem Prinzip maßgebliche Bedeutung beimisst.

Committee passieren. Dem schließt sich im Zweifel ein schiedsgerichtliches Verfahren an. Gerade im zweiten Schritt wird aber eine Zuständigkeit des EuGH begründet, eben durch Art. 174 DWA.

Auch ein Vergleich mit dem EWR-Abkommen unterstützt diese Sichtweise. Beim EWR ist die Streitbeilegung so ausgestaltet, dass zunächst eine Vertragspartei den Gemeinsamen Ausschuss anrufen kann. Wird innerhalb von sechs Monaten keine Einigung erzielt, kann die Vertragspartei Schutzmaßnahmen ergreifen (Art. 111 Abs. 3 UAbs. 2 1. Spstr. EWR-Abkommen) oder neue umstrittene Regelungen unangewendet lassen (Art. 111 Abs. 3 UAbs. 2 2. Spstr. EWR-Abkommen i. V. m. Art. 102 EWR-Abkommen). Die Rolle des EuGH besteht auch beim EWR-Abkommen gemäß Art. 111 Abs. 3 DWA darin, Fragen über die Auslegung des Unionsrecht zu beantworten. Im EWR-Abkommen ist die Position des EuGH allerdings schwächer ausgestaltet, da seine Auslegung nicht verbindlich ist.

Ähnlich ist dies im Entwurf über ein Abkommen zur Erleichterung der bilateralen Beziehungen zwischen der Europäischen Union und der Schweizerischen Eidgenossenschaft in den Bereichen des Binnenmarkts, an denen die Schweiz teilnimmt[105] von Dezember 2018. Wenn die politische Lösung in einem sektoriellen Ausschuss misslingt, kann jede Vertragspartei einseitig die Entscheidung durch ein Schiedsgericht verlangen (Art. 10.1 Institutionelles Abkommen EU-Schweiz). Hält das Schiedsgericht eine Frage der Auslegung oder Anwendung von Unionsrecht für relevant und entscheidungserheblich, legt es dem EuGH diese Frage vor, der dann für das Schiedsgericht verbindlich entscheidet (Art. 10.4 Institutionelles Abkommen EU-Schweiz).

Art. 344 AEUV, wonach der EuGH für Streitigkeiten zwischen den Mitgliedstaaten zuständig ist, war gerade im Gutachten des EuGH zum EMRK-Beitritt zentral.[106] Das DWA lässt hier jedoch keine Zweifel aufkommen. Tatsächlich ist der Streitbeilegungsmechanismus aus Joint Committee und Schiedsgericht nur auf Streitigkeiten zwischen der Union und dem VK anwendbar. Mitgliedstaaten können diesen nicht nutzen (vgl. Art. 196 Abs. 1; 170 Abs. 1 DWA).[107] Art. 344 AEUV spielt daher keine Rolle.

---

105 Erhältlich unter https://www.eda.admin.ch/dam/dea/de/documents/abkommen/Acccord-inst-Projet-de-texte_de.pdf, im Folgenden Institutionelles Abkommen EU-Schweiz.

106 EuGH, Gutachten 2/13, Rn. 201 ff. – *Beitritt zur EMRK II.*

107 Vgl. zu der Konstellation eines Streits zwischen zwei Mitgliedstaaten der Union in einem gemischten Abkommen EuGH, Rs. C-459/03 – *MOX Plant.*

Damit wäre gewahrt, was der EuGH in anderen durch völkerrechtlichen Vertrag etablierten Streitbelegungsverfahren angemahnt hat: Die Autonomie des Unionsrechts und die Auslegungshoheit des EuGH selbst.

f) Vergleich zum EMRK-II-Gutachten

In seinem zweiten Gutachten zum Beitritt der EU zur EMRK hat der EuGH den Entwurf zu einem Beitrittsabkommen für nicht mit dem Unionsrecht vereinbar erklärt und den Beitritt zunächst gestoppt. Dies mag in der Literatur nicht auf Zustimmung gestoßen sein,[108] ist aber nun einmal Stand der Dinge und um diese Rechtsprechung käme weder das DWA noch ein anderes Austrittsabkommen herum. Gerade im Angesicht dieses Gutachtens wurde in der Literatur vermutet, dass die Regelungen des DWA zur Streitbeilegung wohl unionsrechtswidrig sein könnten.[109]

Dabei ist über die zahlreichen Probleme, die der EuGH im EMRK-Beitrittsabkommen bemängelt, eine Frage von entscheidender Bedeutung. Denn zentral für den EuGH ist die Tatsache, dass das Unionsrecht eine autonome Rechtsordnung mit Vorrang vor mitgliedstaatlichem Recht sei,[110] die es gebiete, dass innerhalb der Struktur der Union die einheitliche Auslegung des Unionsrechts gesichert sei.[111] Zuständig ist dafür natürlich der EuGH selbst. „Leitmotiv" des Gutachtens ist damit die Autonomie und die Auslegungshoheit des EuGH.[112] Der EuGH sieht es grundsätzlich als zulässig an, dass völkerrechtliche Vereinbarungen der EU (gerichtliche) Streitbeilegungsmechanismen vorsehen. Voraussetzung sei, dass die Autonomie des Unionsrechts nicht gefährdet werde,[113] insbesondere etwa dadurch, dass den Organen und Mitgliedstaaten der Union eine bestimmte Auslegung des Unionsrechts exogen vorgegeben werde.[114] Es sei aber Sache des EuGH, insb. den Anwendungsbereich des Unionsrechts (und damit der Grundrechtecharta) zu konkretisieren.[115] Schlüsselelement sei dabei das in

108 Vgl. *Haltern*, Europarecht Bd. II, 3. Aufl. 2017, Rn. 1719.

109 *Lock*, On Thin Ice: The role of the Court of Justice under the Withdrawal Agreement, Verfassungsblog, 15.11.2018.

110 EuGH, Gutachten 2/13, Rn. 166- *Beitritt zur EMRK II.*

111 EuGH, Gutachten 2/13, Rn. 170- *Beitritt zur EMRK II.*

112 *Wendel*, Der EMRK-Beitritt als Unionsrechtsverstoß, NJW 2015, 921 (923). Vgl. a. EuGH, Gutachten 1/09, Rn. 60 ff. – *Europäisches Patentgericht.*

113 EuGH, Gutachten 2/13, Rn. 183 – *Beitritt zur EMRK II.*

114 EuGH, Gutachten 2/13, Rn. 184 – *Beitritt zur EMRK II.*

115 EuGH, Gutachten 2/13, Rn. 186 – *Beitritt zur EMRK II.*

Art. 267 AEUV vorgesehene Vorabentscheidungsverfahren.[116] Das konkrete Abkommen führte dazu, so der EuGH, dass dem EGMR die Kompetenz zur Auslegung der Rechtsprechung des EuGH übertragen werden würde.[117]

g) Vergleich zu ausgewählten Freihandelsabkommen der EU

Die in weiteren Verträgen vorgesehenen Streitbeilegungsmechanismen unterstützen dieses Ergebnis. Es handelt sich dabei um gemischte Abkommen, deren Vertragsparteien auf der einen Seite die EU und ihre Mitgliedstaaten sowie auf der anderen Seite das Partnerland sind.

i. Korea

Im Freihandelsabkommen zwischen der EU und ihren Mitgliedstaaten und der Republik Korea[118] befasst sich dessen 14. Kapitel mit der Streitbeilegung. Streitigkeiten sind zu vermeiden und soweit wie möglich einvernehmlich beizulegen (Art. 14.1 KEFTA). Der Mechanismus erstreckt sich auf Streitigkeiten über Auslegung und Anwendung des Abkommens (Art. 14.2 KEFTA). Als erster Schritt zur Beilegung sind Konsultationen vorgesehen (Art. 14.3 Abs. 1 KEFTA). Wenn diese nicht zum Erfolg führen, kann ein Schiedsverfahren eingeleitet werden (Art. 14.4 Abs. 1 KEFTA). Der EuGH ist in dem Abkommen nicht vorgesehen.

Dies liegt darin begründet, dass das Abkommen eine Freihandelszone für Waren, Dienstleistungen und Niederlassungen begründet (Art. 1.1 Abs. 1 KEFTA), deren Bedingungen sich an der Maßgabe des WTO-Rechts orientieren.

---

116 EuGH, Gutachten 2/13, Rn. 176 – *Beitritt zur EMRK II.*

117 EuGH, Gutachten 2/13, Rn. 239 – *Beitritt zur EMRK II.*

118 Freihandelsabkommen zwischen der Europäischen Union und ihren Mitgliedstaaten einerseits und der Republik Korea andererseits, ABl. EU 2011, L-127/6, im Folgenden KEFTA.

ii. Singapur

Im Oktober 2018 haben Singapur und die EU das Freihandelsabkommen unterzeichnet.[119] Es ist am 21. November 2019 in Kraft getreten. Inhaltlich ist das Kapitel über die Streitbeilegung dem entsprechenden Kapitel des Abkommens mit Korea nachgebildet, sogar die Nummerierung ist identisch. Der EuGH spielt dementsprechend keine Rolle.

Bereits 2017 hat der EuGH den ersten Entwurf des Abkommens untersucht.[120] Gegenstand war auch das geplante Kapitel 15 über die Streitbeilegung zwischen den Vertragsparteien. Soweit es um Investitionsstreitigkeiten ging stellte der EuGH fest, dass die EU keine alleinige Kompetenz zum Abschluss dieses Kapitels habe.[121]

iii. Kanada

Auch das nach dem umfassenden Wirtschafts- und Handelsabkommen (CETA) zwischen Kanada und der EU[122] vorgesehene Streitbeilegungssystem sieht den EuGH nicht vor. Das entsprechende Kapitel 29 ist etwas anders ausgestaltet, als KEFTA, SEFTA und JEFTA. Im Mai 2019 hat der EuGH das Abkommen und den darin enthaltenen Streitbeilegungsmechanismus für mit dem Unionsrecht vereinbar erklärt.[123]

iv. Japan

Ende 2018 wurde das Abkommen zwischen der Europäischen Union und Japan über eine Wirtschaftspartnerschaft[124] verabschiedet. Wenig überraschend ähnelt das Kapitel 21 über die Streitbeilegung den Regelungen aus KEFTA und SEFTA, allerdings ist hier auch Mediation vorgesehen. Der

---

119 EU-Singapore Free Trade Agreement, http://trade.ec.europa.eu/doclib/press/index.cfm?id=961, im Folgenden SEFTA.

120 EuGH, Gutachten 2/15 – *EU-Singapur-FTA*.

121 EuGH, Gutachten 2/15, Rn. 303 – *EU-Singapur-FTA*.

122 Umfassendes Wirtschafts- und Handelsabkommen (CETA) zwischen Kanada einerseits und der Europäischen Union und ihren Mitgliedstaaten andererseits, ABl. 2017, L-11/23.

123 EuGH, Gutachten 1/17 – *CETA*.

124 Abkommen zwischen der Europäischen Union und Japan über eine Wirtschaftspartnerschaft, ABl. 2018, L-330/3, im Folgenden JEFTA.

EuGH, und darin sind sich KEFTA, SEFTA und JEFTA gleich, kommt nicht vor.

h) Stellungnahme

Im Ergebnis sprechen die besseren Argumente für eine weitestgehende Unionsrechtskonformität, auch wenn eine Lücke offenbleibt. Der dem DWA eigene Streitbeilegungsmechanismus ist dabei der Tatsache geschuldet, dass es sich gerade um einen völkerrechtlichen Vertrag handelt. Streitigkeiten über diesen Vertrag sollen durch Konsultationen oder ein Schiedsgericht beigelegt werden. Art. 169 DWA sieht die Zuständigkeit des Joint Committee und ggf. eines einzusetzenden Schiedsgerichts für „any dispute regarding the interpretation and application of the provisions of this agreement" vor. Erfasst sind davon die genuin vertragsrechtlichen Bestandteile. Alle unionsrechtlichen Fragen fallen in die Zuständigkeit des EuGH, der sogar mit verbindlicher Wirkung für das Schiedsgericht auslegen kann. Die Bedenken, die der EuGH in der Rechtssache *Achmea* geäußert hatte,[125] treffen im Falle des DWA nicht zu. Gewahrt ist damit seine Auslegungshoheit. Die Autonomie des Unionsrechts kann weiterhin durch den EuGH sichergestellt werden.

Allerdings sieht das Abkommen in der Phase der Konsultationen im Joint Committee nicht vor, dass der EuGH heranzuziehen ist. Streitigkeiten werden in dieser Phase des Verfahrens ggf. politisch beigelegt.[126] Wenn sich die Parteien einigen und auf die Anrufung eines Schiedsgerichts verzichten, besteht die Gefahr, dass der EuGH nicht angerufen wird. Das ist zumindest im DWA nicht vorgesehen. Es besteht die Gefahr, dass die Auslegung des Unionsrechts im Wege einer politischen Verhandlung vorgenommen wird. Der EuGH dürfte mit dieser Möglichkeit nicht zufrieden sein.

---

125 EuGH, Rs. C-284/16, Rn. 50 ff. – *Achmea*. Dazu *Simon/Müller*, Das Achmea-Urteil des EuGH und die Auswirkungen auf Streitbeilegungsmechanismen im Rechtsraum der EU, NJOZ 2018, 961.

126 Vgl. a. *Tobler*, Zur Rolle des EuGH im Streitbeilegungsmechanismus in den sektoriellen Verträgen EU–Schweiz. Mit rechtsvergleichenden Bemerkungen zum EWR, zum Ankara-Assoziationsrecht und zu der in Verhandlung stehenden Assoziation mit den AMS-Staaten Andorra, San Marino und Monaco, in: Lorenzmeier/Folz (Hrsg.), Recht und Realität – FS Vedder, 378 (390).

4. Gutachtenverfahren vor dem EuGH

Bei zahlreichen völkerrechtlichen Verträgen der EU wird der EuGH bereits vor deren Abschluss einbezogen, um die Unionsrechtskonformität des Entwurfs sicherzustellen. Sinn und Zweck eines solchen Verfahrens ist es, ein Auseinanderfallen zwischen Rechtslage nach innen und nach außen zu verhindern.[127]

Dies ist sowohl beim EWR-Abkommen[128] als auch beim Beitritt zur EMRK[129] zweimal passiert. Auch andere Freihandelsabkommen, etwa mit Singapur[130] oder Kanada[131], sind vorsorglich überprüft worden. Umso mehr verwundert es, dass das DWA dem EuGH nicht vorgelegt wurde. Nach Art. 218 Abs. 11 S. 1 AEUV hätten jeder Mitgliedstaat, das Parlament, der Rat oder die Kommission ein Gutachten des EuGH anfordern[132] können. Über die Gründe, warum dies nicht passiert ist, lässt sich nur spekulieren. Allein an der Tatsache, dass wenig Zeit war, kann es nicht liegen. Zwar sieht Art. 218 Abs. 11 S. 1 AEUV die Überprüfung einer „geplanten Übereinkunft" vor. Und angesichts der Tatsache, dass der Text des DWA am 14. November 2018 auf Arbeitsebene verabschiedet und bereits elf Tage später, am 25. November vom Europäischen Rat angenommen wurde, ließe sich nun vertreten, dass das DWA den Status als „geplantes Abkommen" verloren habe und nunmehr ein Abkommen sei, für das ein Antrag nach Art. 218 Abs. 11 AEUV unzulässig sei. Spätestens mit dem Beschluss des Rates vom 7. Januar 2019, das DWA zu unterzeichnen,[133] sei dieser Wille zum Ausdruck gebracht.

---

127 EuGH, Gutachten 3/94, Rn. 16 – *Rahmenübereinkommen über Bananen; Giegerich*, in: Pechstein/Nowak/Häde (Hrsg.), Frankfurter Kommentar zu EUV, GRC und AEUV, 2017, Art. 218 AEUV Rn. 212. Zur Konstellation im deutschen Verfassungsrecht BVerfGE 141, 1 – *Treaty-Override*. Ausführlich *Frau*, Der Gesetzgeber zwischen Verfassungsrecht und völkerrechtlichem Vertrag, 2015.

128 EuGH, Gutachten 1/91 – *EWR-Abkommen I*; EuGH, Gutachten 1/92 – *EWR-Abkommen II*.

129 EuGH, Gutachten 2/94 – *Beitritt zur EMRK I*; EuGH, Gutachten 2/13 – *Beitritt zur EMRK II*.

130 EuGH, Gutachten 2/15 – *EU-Singapur-FTA*.

131 EuGH, Gutachten 1/17 – *CETA*.

132 Der EuGH hat kein Annahmeermessen, vgl. *Giegerich*, in: Pechstein/Nowak/Häde (Hrsg.), Frankfurter Kommentar zu EUV, GRC und AEUV, 2017, Art. 218 AEUV Rn. 210.

133 Beschluss des Rates über die Unterzeichnung des Abkommens über den Austritt des Vereinigten Königreichs Großbritannien und Nordirland aus der Europä-

Dies wird aber weder dem Verfahren zum Abschluss völkerrechtlicher Verträge im Allgemeinen noch der konkreten Situation des Brexit im Besonderen gerecht. Abstrakt hält der EuGH fest, dass ein solcher Antrag solange zulässig sei, bis der Wille der Union „durch das Abkommen gebunden zu sein, endgültig zum Ausdruck gebracht worden ist."[134] Eben dieser endgültige Wille wird beim DWA dadurch zum Ausdruck, gebracht, dass dem Verwahrer, also dem Generalsekretär des Rates (Art. 183 UAbs. 2 DWA) eine entsprechende Mitteilung über das Abschließen der unionsinternen Verfahren übermittelt wird (Art. 185 Abs. 1 S. 2 DWA). Dies ist inzwischen geschehen. Damit scheidet ein solches Verfahren nunmehr aus.

---

ischen Union und der Europäischen Atomgemeinschaft im Namen der Europäischen und der Europäischen Atomgemeinschaft, XT 21106/18 vom 7.1.2019.

134 EuGH, Gutachten 3/94, Rn. 14 – *Rahmenübereinkommen über Bananen*.

IV. Ausgewählte Probleme des DWA

1. Grundrechtsschutz

a) Rahmen des Grundrechtsschutzes im DWA

Ziel des DWA ist es, sowohl Unionsbürger*innen als auch die VK-Staatsangehörigen nach dem Brexit zu schützen (6. Erwägungsgrund Präambel DWA). In der Tat ist der Schutz von Unionsbürger*innen immer ein Motiv gewesen, dass die EU und ihre verbleibenden Mitgliedstaaten in den Verhandlungen mit dem VK verfolgt haben. Innerhalb der Union kommt dem Grundrechtsschutz ein „hohe[r] Stellenwert“[135] zu – umso mehr muss es verwundern, dass Grundrechte im DWA nur eine untergeordnete Rolle spielen.

Auf der methodischen Ebene ist Art. 4 Abs. 1 UAbs. 2 DWA zentral für den Grundrechtsschutz. Die Vorschrift etabliert die (mögliche) unmittelbare Anwendbarkeit und unmittelbare Wirkung der DWA-Vorschriften. Der EuGH hatte bereits in seiner *van Gend & Loos*-Entscheidung aus den frühen 1960er Jahren[136] betont, wie charakteristisch die supranationale Wirkung des Unionsrechts für den Grundrechtsschutz der Einzelnen ist.

Auf anderen Ebenen und dessen ungeachtet ist das DWA wenig grundrechtsbezogen: Das gesonderte Kapitel zum Grundrechtsschutz nach dem Brexit verliert sich in Einzelheiten, keine Vorschrift statuiert die Anwendung der Grundrechte der Union, kein In-Erinnerung-Rufen der Grundrechte oder gemeinsamen Werte, kein Wort zu „Institutionellem“, wie etwa der Grundrechteagentur.[137] Kein Wort findet sich zum Verlust der Unionsbürgerschaft der VK-Staatsangehörigen. Dies mag politisch bedingt sein, steht aber sowohl der Union als auch dem VK als Wertegemeinschaft nicht gut zu Gesicht.

---

135 *Haratsch/Koenig/Pechstein*, Europarecht, 11. Aufl. 2018, Rn. 679.

136 EuGH, Rs. 26/62, Slg. 1963, 7 (24 f.) – *van Gend & Loos*.

137 Verordnung (EG) Nr. 168/2007 des Rates vom 15.2.2007 zur Errichtung einer Agentur der Europäischen Union für Grundrechte, ABl. 2007, L-53/1. Vgl. dazu *von Bogdandy/von Bernstorff*, Die Europäische Agentur für Grundrechte in der europäischen Menschenrechtsarchitektur und ihre Fortentwicklung durch den Vertrag von Lissabon, EuR 2010, 141 (passim).

Im Folgenden sollen einige Probleme der Unionsbürgerschaft und des Grundrechtsschutzes erläutert werden. Begonnen werden soll mit der Grundrechtsgeltung und -anwendung während der Implementierungsphase. Hier wird auf die britischen Besonderheiten einzugehen sein. Dem schließt sich die Grundrechtsgeltung und -anwendung nach dem Ende der Implementierungsphase an.

b) Grundrechtsschutz während der Implementierungsphase

Während der Implementierungsphase ist über Art. 127 Abs. 1 UAbs. 1 DWA das Unionsrecht mit wenigen Ausnahmen anwendbar. Nach der Legaldefinition in Art. 2 lit. a) Nr. i) DWA umfasst das „Unionsrecht" nicht nur EUV und AEUV, sondern ausdrücklich auch die EUGRCh. Bis Ende 2020 sollte diese also auch für den britischen Staat gelten.

Dies gilt jedoch nicht ohne Einschränkungen. Erstens sieht Art. 127 Abs. 2 DWA Ausnahmen in Bezug auf Wahlen zum Europäischen Parlament und Kommunalwahlen vor. Die Art. 39 f. EUGRCh gelten weder in noch für das VK. Zweitens ist über Art. 51 EUV das Protokoll Nr. 30 zum Vertrag von Lissabon über die Anwendung der Charta der Grundrechte auf Polen und das VK[138] Teil des Unionsrechts und damit in der Implementierungsphase grundsätzlich weiter anwendbar. Dieses Protokoll sieht bestimmte Ausnahmen vor, ist aber äußert komplex.

c) Protokoll Nr. 30

Schon die Rechtswirkungen des Protokolls sind äußert umstritten. Auch wenn es verbindlich[139] ist, so hat *Ulrich Haltern* das Protokoll als eine der seltsamsten Blüten des Unionsrechts beschrieben, welches Europarecht-

---

138 Zu den umstrittenen Rechtswirkungen des Protokolls EuGH, verb. Rs. C-411/10, C-493/10, Rn. 119 f. – *N.S. Mehde*, Gespaltener Grundrechtsschutz in der EU?, EuGRZ 2008, 269 ff.; *Mall*, Die Bindung der Mitgliedstaaten an die Unionsgrundrechte, 2012, S. 109 ff.; *Folz*, in: Vedder/Heintschel von Heinegg (Hrsg.), Europäisches Unionsrecht, 2. Aufl. 2018, Art. 51 EUGRCh Rn. 18; *Hatje*, in: Schwarze/Becker/Hatje/Schoo (Hrsg.), EU-Kommentar, 4. Aufl. 2019, Art. 51 EUGRCh Rn. 20.

139 *Terhechte*, in: von der Groeben/Schwarze/Hatje (Hrsg.), Europäisches Unionsrecht, 7. Aufl. 2015, Art. 51 EUGRCh Rn. 13.

ler*innen weitgehend ratlos zurückgelassen habe.[140] Die Literatur müht sich daher an den Inhalten und Wirkungen des Protokolls ab, während der EuGH in der bisher einzigen einschlägigen Entscheidung das Protokoll weitestgehend für unergiebig hält.

Die Bedeutung des Protokolls Nr. 30 liegt daher auch eher im politischen denn im juristischen Bereich. Es ist eines der Instrumente, welche das VK trotz politischer Bedenken an der weiteren Integration der Union teilhaben lassen sollte.[141]Insoweit begründet es die Sonderstellung des VK während seiner Unionsmitgliedschaft. Umso erstaunlicher ist, dass das Protokoll Nr. 30 im DWA keine Erwähnung findet.

Die Vertragsparteien des DWA scheinen die wissenschaftliche Diskussion außer Acht zu lassen und sich darin einig zu sein, wegen der fehlenden Bedeutung des Protokolls noch nicht mal auf das Protokoll zu verweisen. Damit folgen die Vertragsparteien dem EuGH. Dieser hatte Ende 2011 bescheinigt, dass das Protokoll kein britisches opt-out aus dem Grundrechtsschutz im Allgemeinen und aus der EUGRCh im Besonderen begründet. Der EuGH argumentierte wie folgt:

> „Aus dem Wortlaut dieser Bestimmung ergibt sich, (...) dass das Protokoll (Nr. 30) nicht die Geltung der Charta für das Vereinigte Königreich oder für Polen in Frage stellt, was in den Erwägungsgründen des Protokolls Bestätigung findet. So sieht nach dem dritten Erwägungsgrund des Protokolls (Nr. 30) Art. 6 EUV vor, dass die Charta von den Gerichten der Republik Polen und des Vereinigten Königreichs strikt im Einklang mit den in jenem Artikel erwähnten Erläuterungen anzuwenden und auszulegen ist. Außerdem bekräftigt die Charta nach dem sechsten Erwägungsgrund dieses Protokolls die in der Union anerkannten Rechte, Freiheiten und Grundsätze und macht diese Rechte besser sichtbar, schafft aber keine neuen Rechte oder Grundsätze.
> Unter diesen Umständen verdeutlicht Art. 1 Abs. 1 des Protokolls (Nr. 30) Art. 51 der Charta über deren Anwendungsbereich und bezweckt weder, die Republik Polen und das Vereinigte Königreich von der Verpflichtung zur Einhaltung der Bestimmungen der Charta freizustellen, noch, ein Gericht eines dieser Mitgliedstaaten daran zu hindern, für die Einhaltung dieser Bestimmungen zu sorgen.“[142]

---

140 *Haltern*, Europarecht Bd. II, 3. Aufl. 2017, Rn. 1527.

141 Kritisch *Pache*, in: Pechstein/Nowak/Häde (Hrsg.), Frankfurter Kommentar zu EUV, GRC und AEUV, 2017, Art. 51 EUGRCh Rn. 36.

142 EuGH, verb. Rs. C-411/10, C-493/10, Rn. 119 f. – *N.S.*

Es ergibt in der Tat keinen Sinn, dass das Protokoll die Anwendung einer der drei menschenrechtlichen Säulen der EU ausschließen soll.[143] Darin liegt dann auch die argumentative Basis für die Grundrechtschartabindung des VK: Nach Art. 6 Abs. 1, 3 EUV[144] basiert der Grundrechtsschutz innerhalb der EU auf drei Säulen, nämlich der EUGRCh, der EMRK und den gemeinsamen Verfassungstraditionen der Mitgliedstaaten. Denn selbst mit dem Ausschluss der EUGRCh bestehen für das VK und Polen die Säulen der EMRK und der gemeinsamen Verfassungsüberlieferungen nach Art. 6 Abs. 3 EUV.

Mit dem EuGH und der herrschenden Meinung[145] ist davon auszugehen, dass das Protokoll keine konstitutive Wirkung für einen Ausschluss hat. Dies ergibt sich aus der Auslegung von Art. 1 des Protokolls. Demnach bewirkt die Charta „keine Ausweitung der Befugnis des Gerichtshofs der Europäischen Union oder eines Gerichts (...) des Vereinigten Königreichs zu der Feststellung, dass die Rechts- und Verwaltungsvorschriften, die Verwaltungspraxis oder Maßnahmen (...) des Vereinigten Königreichs nicht mit den durch die Charta bekräftigten Grundrechten, Freiheiten und Grundsätzen im Einklang stehen" (Art. 1 Abs. 1 EUGRCh). Dass rein innerstaatliche Sachverhalte von der Anwendung der EUGRCh ausgenommen sind versteht sich von selbst und ist nicht auf das Protokoll zurückzuführen.[146] Wenn in Art. 1 Abs. 2 des Protokolls festgehalten wird, dass die Charta keine einklagbaren Rechte nach Titel IV EUGRCh („Solidarität") schafft, dann ist auch dies nur als deklaratorische Bestätigung des grundsätzlichen Prinzips der begrenzten Einzelermächtigung zu verstehen – und als dessen spezifische Ausprägung für den Bereich der Solidarität. Des Weiteren gelten die in dem Titel enthaltenen Rechte bereits als allgemeine

---

143 *Haltern*, Europarecht Bd. II, 3. Aufl. 2017, Rn. 1527.

144 Vgl. schon früh EuGH, Rs. 44/79, Slg. 1979, 3727 – *Hauer*.

145 Besonders ausführlich *Mall*, Die Bindung der Mitgliedstaaten an die Unionsgrundrechte, 2012, S. 109 ff.; *Jarass*, in: Jarass (Hrsg.), Charta der Grundrechte der EU, 3. Aufl. 2016, Art. 51 Rn. 40; *Folz*, in: Vedder/Heintschel von Heinegg (Hrsg.), Europäisches Unionsrecht, 2. Aufl. 2018, Art. 51 EUGRCh Rn. 18 ff.; *Hatje*, in: Schwarze/Becker/Hatje/Schoo (Hrsg.), EU-Kommentar, 4. Aufl. 2019, Art. 51 EUGRCh Rn. 20; *Haltern*, Europarecht Bd. II, 3. Aufl. 2017, Rn. 1527; *Pache*, in: Pechstein/Nowak/Häde (Hrsg.), Frankfurter Kommentar zu EUV, GRC und AEUV, 2017, Art. 51 EUGRCh Rn. 32 ff.

146 *Hatje*, in: Schwarze/Becker/Hatje/Schoo (Hrsg.), EU-Kommentar, 4. Aufl. 2019, Art. 51 EUGRCh Rn. 20.

Rechtsgrundsätze nach Art. 6 Abs. 3 EUV.[147] Art. 2 des Protokolls hat ebenfalls nur deklaratorische Bedeutung.

Damit galt die EUGRCh während der Mitgliedschaft des VK in der EU auch im VK.[148] Durch Art. 127 Abs. 1 DWA wird die Geltung für die Implementierungsphase zumindest im Grundsatz angeordnet. Es gelten freilich die in Art. 127 Abs. 1 UAbs. 2 DWA vorgesehenen Ausnahmen, wozu in Bezug auf die EUGRCh die beiden Vorschriften Art. 39 f. EUGRCh über Europa- und Kommunalwahlen gehören.

d) Anwendung der EUGRCh im VK während der Implementierungsphase

Die EUGRCh bindet die Mitgliedstaaten[149] der Union dann an sich, wenn staatliche Stellen „bei der Durchführung des Rechts der Union" (Art. 51 Abs. 1 S. 1 EUGRCh) tätig werden. Der EuGH versteht darunter bekanntlich, dass die Charta „in allen unionsrechtlich geregelten Fallgestaltungen, aber nicht außerhalb derselben Anwendung finde[t]".[150] Damit setzt er die Durchführung des Unionsrechts mit dem Anwendungsbereich des Unionsrechts gleich.[151] Es sind, so der EuGH keine „Fallgestaltungen denkbar, die vom Unionsrecht erfasst würden, ohne dass diese Grundrechte anwendbar wären."[152] Schlussendlich führe die Anwendbarkeit des Unionsrechts zur Anwendbarkeit der durch die Charta garantierten Grundrechte.[153] Wenn also die ausgeführte staatliche Handlung ihre Grundlage im Unionsrecht findet, ist die EUGRCh anwendbar.[154]

Dass das Bundesverfassungsgericht damit ein Problem hat und den Anwendungsbereich der Charta deutlich enger zieht, sei erwähnt.[155] Seiner

---

147 *Pache*, in: Pechstein/Nowak/Häde (Hrsg.), Frankfurter Kommentar zu EUV, GRC und AEUV, 2017, Art. 51 EUGRCh Rn. 34.

148 *Mall*, Die Bindung der Mitgliedstaaten an die Unionsgrundrechte, 2012, S. 111.

149 So der Wortlaut des Art. 51 Abs. 1 S. 1 EUGRCh. Wenn dort von „Mitgliedstaaten" die Rede ist legt Art. 127 Abs. 6 DWA fest, dass in diesem Fall der Begriff des „Mitgliedstaats" das VK erfasst.

150 EuGH, Rs. C-617/10, Rn. 19 – *Åkerberg Fransson*.

151 In dieser Richtung bereits die Erläuterungen zu Art. 51 EUGRCh, welche nach Art. 52 Abs. 7 EUGRCh bei der Auslegung gebührend zu berücksichtigen sind.

152 EuGH, Rs. C-617/10, Rn. 21 – *Åkerberg Fransson*.

153 EuGH, Rs. C-617/10, Rn. 21 – *Åkerberg Fransson*.

154 *Pache*, in: Pechstein/Nowak/Häde (Hrsg.), Frankfurter Kommentar zu EUV, GRC und AEUV, 2017, Art. 51 EUGRCh Rn. 19.

155 BVerfGE 133, 277 (316) – *Antiterrordatei*.

Auffassung nach könne nicht „jeder sachliche Bezug einer Regelung zum bloß abstrakten Anwendungsbereich des Unionsrechts oder rein tatsächliche Auswirkungen auf dieses ausreiche[n],“[156] um den Anwendungsbereich zu eröffnen.

Auch der EuGH legt die Vorschrift inzwischen etwas einschränkend aus und verlangt, dass ein „hinreichende[r] Zusammenhang von einem gewissen Grad“ vorliegt, „der darüber hinausgeht, dass die fraglichen Sachbereiche benachbart sind oder der eine von ihnen mittelbare Auswirkungen auf den anderen haben kann.“[157] In dem fraglichen Verfahren ging es um eine nationale Regelung des Umweltschutzrechts, die nicht als Umsetzungsmaßnahme von Unionsrecht ergangen war. Da sich Union und Mitgliedstaaten die Kompetenz zur Umweltpolitik teilten (Art. 4 Abs. 2 lit. e) AEUV) legte das italienische Gericht dem EuGH eine Auslegungsfrage vor. Der EuGH überprüfte, ob die nationale Regelung eine Bestimmung des Unionsrechts durchführen soll, welchen Charakter die nationale Regelung hat „und ob mit ihr nicht andere als die unter das Unionsrecht fallenden Ziele verfolgt werden, selbst wenn sie das Unionsrecht mittelbar beeinflussen kann, sowie ferner, ob es eine Regelung des Unionsrechts gibt, die für diesen Bereich spezifisch ist oder ihn beeinflussen kann.“[158] Wenn das Unionsrecht den Mitgliedstaaten keine Pflichten auferlege, seien die Grundrechte der Union nicht anwendbar, so der EuGH weiter.[159]

Die Frage, ob das VK bei der Durchführung des DWA ebenfalls an die EUGRCh gebunden ist, ist damit einfach zu beantworten: Das DWA ist Unionsrecht, damit gilt die Charta. Die Anwendung von Unionsrecht, konkreter also Sekundär- und Tertiärrecht, findet ihre Grundlage ebenfalls im Unionsrecht und zieht die Anwendung der EUGRCh nach sich. In diesem Sinne ordnet das DWA die Weitergeltung des Unionsrechts für das VK an. Wenn das VK dieses Unionsrecht anwendet, sind seine staatlichen Stellen an die EUGRCh gebunden.

---

156 BVerfGE 133, 277 (316) – *Antiterrordatei*.
157 EuGH, Rs. C-206/13, Rn. 24 – *Siragusa*.
158 EuGH, Rs. C-206/13, Rn. 25 – *Siragusa*.
159 EuGH, Rs. C-206/13, Rn. 26 – *Siragusa*.

e) Anwendung der EUGRCh im VK nach der Implementierungsphase (1): Der Teil „Citizen's Rights"

i. Grundsätzliche Anwendbarkeit

Nach dem Ablauf der Implementierungsphase stellt sich die Situation anders dar. Zwar ist das DWA aus der Perspektive der EU Unionsrecht. Seine Anwendung müsste daher zu einer Anwendung der EUGRCh führen. Aus Sicht des VK jedoch ist das DWA ein völkerrechtlicher Vertrag mit eigenständigen Rechten und Pflichten, der grundsätzlich nur die Rechtsfolgen nach sich zieht, die in ihm enthalten sind. Für den Bereich der Grund- und Menschenrechte sind diese Rechtsfolgen in Art. 127 Abs. 1 UAbs. 1 DWA geregelt: Das Unionsrecht und die EUGRCh sind eben nur während der Implementierungsphase anwendbar. Für den Zeitraum danach verpflichtet sich das VK nicht zur Anwendung des gesamten Unionsrechts und erst recht nicht zur Anwendung der EUGRCh. Allerdings setzt Art. 185 UAbs. 3 DWA die Anwendung einzelner Teile des DWA für den Zeitraum nach dem Ende der Implementierungsphase fest. Mit anderen Worten sollen die dort aufgezählten Vorschriften nach der Anwendungszeit des Unionsrechts im VK einsetzen und den Zustand danach ordnen.

Zu diesen Vorschriften zählt auch der zweite Teil des DWA. Dieser Abschnitt über „Citizen's Rights" mit den Art. 9–39 DWA beinhaltet einen Ausschnitt aus allen Rechten von Unionsbürger*innen. Die Anwendung dieser Vorschriften nach dem Ende der Implementierungsphase ergibt auch Sinn, denn der Teil 2 schafft längerfristige bzw. dauerhafte Vorschriften für solche Personen, die bis zum Ende der Implementierungsphase von ihren Rechten Gebrauch gemacht haben. Diese Rechte werden in diesem Teil des DWA ausdifferenziert.

ii. Persönlicher Anwendungsbereich

Dies ergibt sich aus dem persönlichen Anwendungsbereich, den Art. 10 DWA festlegt. Im Fokus des Teils stehen Unionsbürger*innen, die im VK leben, und britische Bürger*innen, die sich vor dem Ende der Implementierungsphase im jeweiligen Land niedergelassen haben; Personen, die von ihrer Arbeitnehmer- oder Niederlassungsfreiheit Gebrauch gemacht haben, ohne im Land der wirtschaftlichen Betätigung zu leben (Grenzarbeitnehmer, „frontier workers") und teilweise auch deren Familienmitglieder (Art. 10 DWA).

iii. Aufenthaltsrecht

Art. 13 DWA gibt Personen das Recht, sich als VK-Staatsangehörige in der Union oder als Unionsbürger*innen im VK aufzuhalten, unter den Beschränkungen und Bedingungen der Art. 21 AEUV (Freizügigkeitsrecht für Unionsbürger), Art. 45 AEUV (Arbeitnehmerfreizügigkeit) und Art. 49 AEUV (Niederlassungsfreiheit). Auch die Freizügigkeitsrichtlinie ist in Teilen anwendbar. Dies bedeutet im Ergebnis, dass Unionsbürger*innen und britische Staatsangehörige noch nach der Implementierungsphase von ihren Freizügigkeitsrechten mit oder ohne Anknüpfung an die Grundfreiheiten Gebrauch machen könnten und so unter den Voraussetzung der Art. 16 Abs. 1; 17 Abs. 1 Freizügigkeitsrichtlinie i. V. m. Art. 15 Abs. 1; 23 Abs. 1 DWA ein dauerhaftes Aufenthaltsrecht erhalten können. Damit verknüpft ist für solche Personen, die ein Aufenthaltsrecht im Aufenthaltsstaat genießen, das Recht, angestellt oder selbstständig zu arbeiten (Art. 22 DWA).

iv. Diskriminierung und Inländergleichbehandlung

Daneben besteht das Diskriminierungsverbot des Art. 12 DWA, welches auf Art. 18 Abs. 1 AEUV verweist. Damit sind Diskriminierungen aus Gründen der Staatsangehörigkeit sowohl im Heimat- als auch im Aufenthaltsstaat für die in Art. 10 DWA genannten Personengruppen verboten.

Außerdem genießt jede Unionsbürger*in und jeder britische Staatsangehörige*r, der sich aufgrund des DWA im Hoheitsgebiet der Union oder des VK aufhält, die gleiche Behandlung wie die Staatsangehörigen des Mitgliedstaats (Art. 23 Abs. 1 DWA i. V. m. Art. 24 Freizügigkeitsrichtlinie[160]). Dies bedeutet, dass es nicht nur ein Diskriminierungsverbot gibt, sondern auch ein Recht auf Inländergleichbehandlung, das sich auf solche Personen bezieht, die erst aufgrund des DWA, also nach dem Brexit, von ihrem Freizügigkeitsrecht Gebrauch gemacht haben.

---

160 Richtlinie 2004/38/EG des Europäischen Parlaments und des Rates vom 29.4.2004 über das Recht der Unionsbürger und ihrer Familienangehörigen, sich im Hoheitsgebiet der Mitgliedstaaten frei zu bewegen und aufzuhalten, zur Änderung der Verordnung (EWG) Nr. 1612/68 und zur Aufhebung der Richtlinien 64/221/EWG, 68/360/EWG, 72/194/EWG, 73/148/EWG, 75/34/EWG, 75/35/EWG, 90/364/EWG, 90/365/EWG und 93/96/EWG (Text von Bedeutung für den EWR), ABL. 2004, L-158/77, im Folgenden Freizügigkeitsrichtlinie.

f) Anwendung der EUGRCh im VK nach der Implementierungsphase (2): Sonderfall Nordirland

Das NIP sieht für Nordirland spezifische Regelungen vor. Angewandt wird es erst (mit ganz wenigen Ausnahmen) nach dem Ende der Implementierungsphase (Art. 185 Abs. 1 UAbs. 4 DWA). Sein Zweck ist es, die besondere Situation auf der irischen Insel befriedigend zu lösen und insbesondere historische Entwicklungen nicht vom Tisch zu wischen. Zu diesen historischen Hintergründen zählt nicht nur die Common Travel Area, also das einheitliche Reisegebiet zwischen dem VK und Irland, sondern auch die „Lösung" des Nordirlandkonflikts durch das Karfreitagsabkommen von 1998, dessen sechster Abschnitt Regelungen über einzelne Menschenrechte enthält. In diesem sechsten Abschnitt sind nicht bloß klassische Rechte wie Meinungsfreiheit, Religionsfreiheit und Gleichheit, sondern auch kontextbedingte Garantien wie das Recht auf Freiheit von sektiererischer Gewalt und das Recht, seinen Wohnort frei zu wählen, enthalten. Darüber hinaus verpflichtet sich das VK, die EMRK in Nordirland anzuwenden.

In Art. 2 NIP (Art. 4 NIP a.F.) verpflichtet sich das VK, die Rechte des sechsten Abschnitts des Karfreitagsabkommens sicherzustellen, oder genauer, keine Reduktion vorzunehmen. Dieses Verbot bedeutet dabei nicht, dass bloß der status quo erhalten bleiben muss. Wie Art. 13 Abs. 3 NIP (Art. 15 Abs. 4 NIP a.F.) festhält ist stets der aktuelle Rechtsstand zu beachten, so dass auch zukünftige Änderungen das VK verpflichten.

Ebenso verpflichtet sich das VK, keine Reduktion beim Schutz vor Diskriminierungen vorzunehmen. Das Abkommen verweist auf sechs Richtlinien, welche die EU zur Bekämpfung der Diskriminierung verschiedener Vergleichsgruppen erlassen hat. Durch den Zusatz „including" ist klargestellt, dass nicht nur diese sechs Richtlinien zu beachten sind, sondern alle einschlägigen Rechtsakte.

Eine Einschränkung enthält Art. 2 Abs. 1 NIP (Art. 4 Abs. 1 NIP a.F.) doch, wenn er davon spricht, dass nur solche Minderungen des Grundrechtsschutzes in den Fokus genommen werden , die aus dem Brexit resultieren („The UK shall ensure that no diminution of rights [...] results from its withdrawal from the Union [...]). Diese Vorschrift so auszulegen, dass das VK ein Recht zur Minderung erhält, solange diese Minderung unabhängig vom Brexit ist, kann nicht überzeugen. Vielmehr ist im Lichte des Sinns und Zwecks von DWA und NIP davon auszugehen, dass der Nichtdiskriminierungs-standard des EU-Rechts gewahrt bleiben soll. Verboten sind daher alle Einschränkungen, die unionsrechtswidrig wären, wenn das VK EU-Mitglied wäre.[161]

g) Zuständigkeit des EuGH

Während der Implementierungsphase ist der EuGH nach Art. 131 DWA weiterhin voll zuständig. Der Zugang für natürliche und juristische Personen zum EuGH wird mit dem Ablauf des 31. Dezember 2020 abgeschafft. Für den Grundrechtsschutz bleibt es bei zwei Möglichkeiten. Zum einen können britische Gerichte dem EuGH auch nach Ablauf der Implementierungsphase Auslegungsfragen über Teil 2 des DWA vorlegen (Art. 158 DWA). Zum anderen können Schiedsgerichte die Frage nach der Auslegung eines autonomen Begriffs („concept of Union law") oder einer Vorschrift des Unionsrechts dem EuGH vorlegen (Art. 174 Abs. 1 S. 2 DWA), der für das Schiedsgericht verbindlich entscheidet (Art. 174 Abs. 1 S. 3 DWA).

Ebenso beschränkt ist die Gerichtsbarkeit des EuGH in Bezug auf das NIP. Über die Einhaltung der menschenrechtlichen Verpflichtungen und insb. der Einhaltung der unionsrechtlichen Vorschriften, an die sich das VK halten muss, darf der EuGH nicht wachen. Denn seine Zuständigkeit in Bezug auf das NIP ist in Art. 12 Abs. 4 NIP (Art. 14 Abs. 4 NIP a.F.) abschließend niedergelegt, und in der dort zu findenden Auflistung ist Art. 2 Abs. 1 NIP (Art. 4 Abs. 1 NIP a.F.) nicht enthalten. Einzig Art. 13 Abs. 2 NIP (Art. 15 Abs. 3 NIP a.F.) sieht vor, dass das VK das anwendbare Unionsrecht unter Berücksichtigung der Rechtsprechung des EuGH auslegen soll. Damit kommt der Rechtsprechung des EuGH eine mittelbare Wirkung zu, wenn britische Behörden das Unionsrecht im Sinne des EuGH anwenden.

2. *Freizügigkeit und Grenzkontrollen zwischen der EU, Irland und VK*

Ziel der Union ist es, den Bürger*innen „einen Raum der Freiheit, der Sicherheit und des Rechts ohne Binnengrenzen [zu bieten, RF], in dem (…)

161 *O'Connell*, Protecting the Rights of Individuals in Northern Ireland under the Draft Withdrawal Agreement – some preliminary observations, 15.11.2018, https://brexitlawni.org/blog/protecting-the-rights-of-individuals-in-northern-ireland-under-the-draft-withdrawal-agreement-some-preliminary-observations/.

der freie Personenverkehr gewährleistet ist" (Art. 3 Abs. 2 EUV). Dieses Ziel wird im fünften Titel des dritten Teils des AEUV, also den Art. 67–89 AEUV konkretisiert. Insbesondere soll die Union sicherstellen, dass Personen an den Binnengrenzen nicht kontrolliert werden (Art. 67 Abs. 2 S. 1 Halbs. 1 AEUV).

a) Schengen-Besitzstand

Mit diesen Vorschriften inkorporiert der AEUV den Schengen-Besitzstand. Dieser geht zurück auf völkerrechtliche Vereinbarungen der damaligen Mitgliedstaaten und ist seit 1999 Teil des Gemeinschafts- bzw. Unionsrechts.[162] Nach einigen Änderungen und Erweiterungen[163] sind die Regelungen zwischen den meisten EU-Mitgliedstaaten und den vier EFTA-Staaten anwendbar. Noch nicht Teil des Schengen-Raums sind u.a. Bulgarien, Kroatien, Rumänien und Zypern. Immerhin möchten diese vier Staaten Teil des Schengen-Raums werden.

Nicht Mitglieder des Schengen-Raums sind zwei weitere EU-Mitgliedstaaten: Irland und das VK. Der Verzicht dieser beiden Staaten auf eine Teilnahme an dem Regime und auf eine Anwendung des Schengen-Acquis ist gleich mehrfach in Protokollen festgehalten worden. Schon im vierten Erwägungsgrund der Präambel zum Protokoll Nr. 19 über die Einbeziehung des Schengen-Besitzstands[164] wird auf die Entscheidung der beiden Staaten, sich nicht an Schengen zu beteiligen, verwiesen. Dementsprechend räumt Art. 4 dieses Protokolls den beiden Staaten das Recht ein, jederzeit zu beantragen, den Schengen-Besitzstand ganz oder in Teilen auf sie anzuwenden. Das Protokoll Nr. 20 über bestimmte Ausnahmen für Irland und das VK[165] verweist auf seit vielen Jahren bestehende Reiseregelungen zwischen dem VK und Irland (2. Erwägungsgrund der Präambel). Dessen Art. 1 erlaubt es dem VK und Irland (Art. 1 i. V. m. Art. 2 S. 1), an seinen Grenzen mit anderen Mitgliedstaaten Personen zu kontrollieren,

162 Protokoll Nr. 19 über den in den Rahmen der Europäischen Union einbezogenen Schengen-Besitzstand, ABl. 1997 C-340/93.

163 Zur Geschichte *Stern/Tohidpur*, § 18 Migration von Drittstaatsangehörigen, in: von Arnauld (Hrsg.), Enzyklopädie Europarecht X – Europäische Außenbeziehungen, 2014, S. 769 ff., Rn. 5 f.

164 Protokoll Nr. 19 über den in den Rahmen der Europäischen Union einbezogenen Schengen-Besitzstand, ABl. 1997 C-340/93.

165 Protokoll Nr. 20 über die Anwendung bestimmter Aspekte des Art. 26 AEUV auf das Vereinigte Königreich und auf Irland, ABl. 2012, C-326/293.

die in das VK oder Irland einreisen wollen, um das Recht zur Einreise dieser Personen festzustellen. Spiegelbildlich dürfen die übrigen Mitgliedstaaten Personen kontrollieren, die aus dem VK oder Irland einreisen möchten (Art. 3 Abs. 1). Zentral ist Art. 2 des Protokolls, welcher es den beiden Staaten erlaubt, weiterhin untereinander Regelungen über den freien Personenverkehr zwischen ihren zu treffen, unter der Bedingung, dass die Rechte der Unionsbürger*innen gewahrt bleiben. Das Protokoll verweist ebenfalls auf das einheitliche Reisegebiet bzw. die Common Travel Area. Zuletzt trifft das Protokoll Nr. 21 Sonderregelungen für Irland und VK in Bezug auf den Raum der Freiheit, der Sicherheit und des Rechts.[166] Darin wird festgehalten, dass sich die beiden Staaten nicht an Maßnahmen der Art. 67–89 AEUV beteiligen und damit auch nicht zum Wegfall der Grenzkontrollen nach Art. 67 Abs. 1 AEUV beitragen müssen.

Damit gibt es innerhalb der Union Freizügigkeit, auch zwischen Irland, dem VK und den übrigen Mitgliedstaaten. Es ist aber nicht zu einem Wegfall der Grenzkontrollen für Reisen zwischen dem VK und Irland einerseits und der Rest-EU andererseits gekommen. Für die britischen Inseln gibt es vielmehr das einheitliche Reisegebiet bzw. die Common Travel Area oder CTA.

b) Einheitliches Reisegebiet bzw. Common Travel Area

i. Historischer Hintergrund

Die Existenz der CTA ist nicht bloß der geographischen Situation dieser Mitgliedstaaten als Inseln geschuldet. Es gibt auch andere Inseln, die zu EU-Staaten gehören und am Schengen-Besitzstand teilnehmen. Dazu gehören etwa Mallorca und Menorca, Korsika und Kreta sowie Sardinien und Sizilien. Allein in der geographischen Besonderheit liegen die Sonderregelungen nicht. Sie sind – vielmehr und erneut – eine Erblast des britischen Imperiums oder des britischen Kolonialismus. Denn der heutige Staat Irland war lange vom VK abhängig. Irland ist damit nicht allein, denn auch andere heutige EU-Staaten waren britische Kolonien. Allen voran sind Malta und Zypern inzwischen unabhängige Staaten. Die Problemfälle Akrotiri und Dekelia (auf Zypern) sowie Gibraltar existieren noch heute

166 Protokoll Nr. 21 über die Position des Vereinigte Königreichs und auf Irlands hinsichtlich des Raums der Freiheit, der Sicherheit und des Rechts, ABl. 2012, C-326/295.

und haben im DWA eine jeweils gesonderte Behandlung erfahren. Auch Teile Griechenlands, namentlich die ionischen Inseln, und Helgoland, das heute Teil Deutschlands ist, waren britische Kolonien oder britisch beherrschte Gebiete.

1169 wurde Irland von den Anglo-Normannen erobert. Ab ungefähr 1600, nach dem neunjährigen Krieg zwischen englischen Herrschern und irischen Clans, begannen die englischen Könige, Personen von ihrer Insel, also aus England, Schottland und Wales, auf der irischen Insel anzusiedeln. Diese Siedler waren meist protestantischen Glaubens, während der Großteil der irischen Bevölkerung katholisch war. Damit begann der Konflikt, dessen Folgen die Staaten noch heute vor Herausforderungen stellt. 1801 wurde mit dem Act of Union das heutige Staatsgebilde geschaffen, also das Vereinigte Königreich von Großbritannien und Irland. Die Ausrufung der unabhängigen irischen Republik im Januar 1919 führte zum irischen Unabhängigkeitskrieg 1919–1921. Dieser endete mit dem anglo-irischen Vertrag von 1921, der Irland in einen nördlichen und einen südlichen Teil, den Irischen Freistaat, teilte. Der irische Freistaat wurde zu einem Herrschaftsgebiet mit eigenständiger Regierung innerhalb des britischen Imperiums. Dieser durch den Vertrag von 1921 geschaffene Zustand missfiel einigen Iren, so dass in Irland von 1922–1923 ein Bürgerkrieg stattfand. Nach einem kurzen Zwischenspiel von 1937–1949, in dem die verfassungsrechtliche Charakterisierung als Republik oder konstitutionelle Monarchie bis heute schwerfällt, wurde mit dem Republic of Ireland Act von 1948 die Republik Irland mit Wirkung zum 18. April 1949 gegründet. Gleichzeitig schied die junge Republik aus dem Commonwealth aus. Es folgten Jahrzehnte blutiger Auseinandersetzungen, die mit dem Karfreitagsabkommen (good-friday-agreement) von 1998 beendet wurden. Mittlerweile, nämlich 1973, waren sowohl Irland als auch das VK Mitglied der Europäischen Gemeinschaften geworden.

Das Karfreitagsabkommen besteht aus zwei Dokumenten: dem Mehrparteienabkommen zwischen einem Großteil der nordirischen Konfliktparteien und dem britisch-irischen-Abkommen zwischen den beiden Staaten. Gegliedert ist das Abkommen in drei Stränge („strand"), (1) dem Status und dem Regierungssystem Nordirlands innerhalb des VK, (2) der Beziehung zwischen Nordirland und Irland und (3) der Beziehung zwischen VK und Irland. Das Karfreitagsabkommen ist nicht die einzige Vereinbarung, welche die Beziehungen zwischen dem VK und Irland regelt. Auch andere Vereinbarungen führen zurück zum Recht.

ii. Entwicklung des einheitlichen Reisegebiets

Vor 1921, also vor der Gründung des irischen Freistaats, gab es innerhalb des Vereinigten Königreichs von Großbritannien und Irland keine Grenzkontrollen. Nach der Gründung wollten sowohl das VK als auch Irland am status quo festhalten. In einer Vereinbarung von 1923 einigten sich die beiden Staaten darauf, dass Personen, die legal in einen der beiden Staaten eingereist waren, mit minimalem bürokratischen Aufwand in den anderen Staaten reisen dürften. Praktisch führte dies zur Kooperation der Einwanderungsbehörden und ermöglichte die freie Bewegung zwischen den beiden Staaten.[167] Mit dem Ausbruch des Zweiten Weltkrieges wurde die Vereinbarung suspendiert und Grenzkontrollen eingeführt – auch für Reisen zwischen Nordirland und Großbritannien. Ab 1952 haben beide Staaten begonnen, in ihrem nationalen Recht das bestehende einheitliche Reisegebiet auszuformen.

iii. Regelungen im VK

In Section 1 (2) (b) Commonwealth Immigrants Act 1962 werden irische Staatsbürger britischen Staatsbürgern gleichgestellt. Dies geht zurück auf den Ireland Act von 1949, dessen Section 2 (1) festhält, dass Irland trotz des Ausscheidens aus dem Commonwealth als Inland i.S.d. britischen Rechts gilt und konsequenterweise irische Staatsbürger*innen Inländer*innen gleichgestellt werden. Irische Bürger*innen dürfen damit im Grundsatz ohne Kontrollen in das VK einreisen. Allerdings bestehen schon seit Jahrzehnten Ausnahmeregelungen, die Grenzkontrollen zwischen Nordirland und Großbritannien erlauben.[168]

---

167 *Ryan*, Brexit briefing: impact on Common Travel Area and the Irish, https://www.freemovement.org.uk/brexit-briefing-impact-on-common-travel-area-and-the-irish/#_ednref3.

168 Prevention of Terrorism (Temporary Provisions) Act 1974.

iv. Regelungen in Irland

In Irland sind Staatsangehörige des VK irischen Staatsangehörigen weitgehend gleichgestellt.[169] Insb. können sie auch ohne jegliche Grundsicherung nach Irland ziehen, dort arbeiten oder dort ihren Lebensabend verbringen. Überspitzt gesagt lässt sich festhalten, dass britische Staatsangehörige in Irland nicht aus Ausländer gelten. Dies galt allerdings nicht immer. Denn bis 1999 war die unkontrollierte Einreise nur solchen britischen Staatsbürgern erlaubt, die in Nordirland oder Großbritannien geboren wurden.[170]

v. Status quo

Im Jahr 2011 haben sich die beiden Staaten darauf verständigt, die Kooperation weiterzuführen.[171] So wollen beide Staaten gemeinsame Visa erteilen bzw. die Visa des jeweils anderen Staates akzeptieren. Das einheitliche Reisegebiet besteht aber nach wie vor aus nicht verbindlichen Absprachen der beiden Staaten. Im jeweiligen nationalen Recht wird festgelegt, dass solche Grenzkontrollen nicht erfolgen. Verbindlichkeit wird damit nur jeweils einseitig hergestellt.

c) Regelungen im DWA

Mit diesem Zusammenspiel aus fehlendem Schengen-Besitzstand, dem einheitlichen Reisegebiet und dem Nordirlandkonflikt müssen die EU und das VK im DWA umgehen. Die Vertragsparteien nehmen den status quo der CTA als Ausgangsbasis. Art. 38 Abs. 2 DWA sieht vor, dass die Regelungen zum einheitlichen Reisegebiet nicht durch das DWA eingeschränkt und die besonders vorteilhaften Regelungen für die betroffenen Staatsbürger*innen nicht betroffen werden. Ebenso sieht Art. 3 Abs. 1 NIP

---

169 *Citizen's Information Board*, https://www.citizensinformation.ie/en/moving_country/moving_to_ireland/rights_of_residence_in_ireland/residence_rules_UK_citizens.html. Das *Citizen's Information Board* ist eine staatliche irische Stelle.

170 Zur Rechtslage vor 1999 vgl. http://www.irishstatutebook.ie/eli/1962/si/112/made/en/print, zur späteren Regelung http://www.irishstatutebook.ie/eli/1999/si/97/made/en/print.

171 https://assets.publishing.service.gov.uk/government/uploads/system/uploads/attachment_data/file/99045/21197-mea-sec-trav.pdf.

(Art. 5 Abs. 1 NIP a.F.) vor, dass Irland und das VK das einheitliche Reisegebiet aufrechterhalten und weiterentwickeln können. Das VK verpflichtet sich dazu, bei der Regelung der CTA die unionsrechtliche Verpflichtung Irlands, Freizügigkeit unionsweit und damit auch in Irland zu gewährleisten, soweit zu berücksichtigen, dass der Mitgliedstaat Irland diesen Verpflichtungen weiter nachkommen kann. Für Irland bleiben die primärrechtlichen Vorschriften und insb. die Protokolle 19–21 bestehen und bilden die unionsrechtliche Grundlage für das einheitliche Reisegebiet.[172]

Damit ist der Angelpunkt klar: Die unionsrechtliche Freizügigkeit innerhalb der EU-27 (also auch nach, von und in Irland) treffen auf die Freizügigkeitsregelungen der CTA (ebenfalls nach, von und in Irland). Damit bleibt das einheitliche Reisegebiet bestehen. Zwischen den beiden Staaten auf den britischen Inseln kann Freizügigkeit gewährleistet bleiben. Damit sichert das DWA nur das ab, was primärrechtlich sowieso gestattet ist.

d) EU-Settlement-Scheme des VK

i. Darstellung des Programms

Die britische Regierung fährt ein Programm, mit dem sie sicherstellen möchte, dass die Aufenthaltsrechte von EU-Bürger*innen gewahrt sind und gleichzeitig einen Aufenthaltstitel nach britischem Recht erhalten.[173] Dieses „EU-Settlement-Scheme" sieht vor, dass sich EU-Bürger online registrieren und ihr Aufenthaltsrecht von britischen Behörden prüfen lassen. Einzureichen sind Dokumente, welche die Dauer des Aufenthalts im VK und die Staatsangehörigkeit eines EU-Mitgliedstaates nachweisen, sowie ein Foto zum Abgleich mit dem Identifikationsdokument. Auf eine Gebühr verzichtet das VK[174] nach anfänglichen Überlegungen.[175] Bei Erfolg erteilen die Behörden entweder den „settled-status" oder den „pre-settled-status". Ersterer gibt das dauerhafte Aufenthaltsrecht im VK.[176] Vorausset-

172 *Ryan*, Brexit briefing: impact on Common Travel Area and the Irish, https://www.freemovement.org.uk/brexit-briefing-impact-on-common-travel-area-and-the-irish/#_ednref3.

173 *UK Home Office*, EU Settlement Scheme: Statement of Intent, Juni 2018, S. 6.

174 https://www.gov.uk/settled-status-eu-citizens-families.

175 *UK Home Office*, EU Settlement Scheme: Statement of Intent, Juni 2018, S. 17.

176 *UK Home Office*, EU Settlement Scheme: Statement of Intent, Juni 2018, S. 31.

zung ist ein fünfjähriger Aufenthalt im VK.[177] Der zweite Status ist für solche EU-Bürger*innen reserviert, die diese fünf Jahre noch nicht voll haben.[178] Erteilt wird ein Aufenthaltstitel, der ihnen erlaubt, diese fünf Jahre im VK gelebt zu haben, um die Voraussetzungen für die Erteilung des dauerhaften Aufenthaltsrechts zu erfüllen. Das Programm läuft seit dem 30. März 2019 und soll am 30. Juni 2021 auslaufen. Mit dem EU-Settlement-Scheme stellen sich einige Rechtsfragen. Die wichtigste ist, ob das Scheme mit dem DWA und sonstigem Unionsrecht vereinbar ist.

ii. Vereinbarkeit mit Art. 21 AEUV

Ein Verstoß gegen das in Art. 21 Abs. 1 AEUV niedergelegte Aufenthalts- und Freizügigkeitsrecht der Unionsbürger*innen kommt nicht in Betracht, denn das Unionsrecht sollte nur bis zum 31. Dezember 2020 weitergelten, so dass bis dahin kein Aufenthaltstitel nach britischem Recht erforderlich ist. Ausdrücklich hält dies auch die britische Regierung fest.[179] Nach diesem Tag ist Art. 21 AEUV für VK nicht mehr anwendbar, so dass sich kein Verstoß für das Programm nach diesem Termin ergibt.

iii. Vereinbarkeit mit dem DWA

Möglicherweise verstößt das VK mit dem Programm aber gegen das DWA. Art. 13 Abs. 1 DWA sieht vor, dass Unionsbürger*innen das Recht auf Aufenthalt im VK haben, soweit sie die Voraussetzungen erfüllen, d.h. entweder als Arbeitnehmer oder als Selbstständige nach VK kommen oder die Voraussetzungen der Freizügigkeitsrichtlinie erfüllen. Erlaubt ist es den Aufenthaltsstaaten, hier also dem VK auch, von den Unionsbürger*innen den Antrag auf einen neuen Aufenthaltstitel zu erwarten (Art. 18 Abs. 1 DWA). Dies gilt nach Art. 185 UAbs. 3 DWA für die Zeit nach dem Ende der Implementierungsphase. Während Beschränkungen des Aufenthalts- und Einreiserechts für die Dauer der Implementierungsphase nach Art. 20 Abs. 1 nach den Bestimmungen des Kapitel VI der Freizügigkeitsrichtlinie

177 *UK Home Office*, EU Settlement Scheme: Statement of Intent, Juni 2018, S. 40, dort finden sich auch Voraussetzung für Familienmitgleider.

178 *UK Home Office*, EU Settlement Scheme: Statement of Intent, Juni 2018, S. 42.

179 *UK Home Office*, EU Settlement Scheme: Statement of Intent, Juni 2018, S. 3.

erlaubt sind, dürfen Einschränkungen nach Ablauf der Phase gemäß Art. 20 Abs. 2 auf nationales Recht gestützt werden.

Das Settlement-Scheme setzt als Kriterien nur sehr unbestimmt „serious or persistent criminality" oder „public police reasons" vor.[180] Damit verweist es aber auf Art. 18 Abs. 1 UAbs. 2 lit. p) DWA, wonach solche „criminality and security checks" eingeführt werden dürfen, um die Einhaltung der Kriterien aus Art. 20 DWA sicherzustellen. Demnach sind strafrechtliche Verurteilungen allein regelmäßig nicht genug, um ein Aufenthaltsrecht zu verweigern (Art. 20 Abs. 1 DWA i. V. m. Art. 27 Abs. 2 UAbs. 1 S. 1 Freizügigkeitsrichtlinie).

Schlussendlich zeichnet das EU-Settlement-Scheme nur nach, was das DWA vorzeichnet. Das DWA wiederrum bildet bis zum Ende der Implementierungsphase den sekundärrechtlich ausgeformten Rahmen des Aufenthaltsrechts in Form der Freizügigkeitsrichtlinie ab. Für die Zeit danach verweist es, dem völkerrechtlichen Prinzip der staatlichen Souveränität gemäß, auf das Recht der Staaten.

iv. Ergebnis

Damit ist das Settlement-Scheme mit dem DWA und dem Unionsrecht (soweit anwendbar) vereinbar. Rechtlich einwandfrei ist es dennoch nicht: So ist nach dem 30. Juni 2021 nicht sichergestellt, dass Unionsbürger*innen einen Aufenthaltstitel nach dem britischen Recht erhalten. Das DWA gibt ihnen dazu zwar ein Recht – abgesichert im britischen Recht ist es bisher noch nicht. Außerdem stellt sich die Frage, ob Personen mit einem „pre-settled"-Status sich nach Ablauf ihres fünfjährigen Aufenthalts (und damit dem Erfüllen der Voraussetzung für das dauerhafte Aufenthaltsrecht) erneut bewerben müssen oder ob die Statusänderung automatisch erfolgt. Sollte die Fünfjahresfrist erst nach dem 30. Juni 2021 ablaufen, ist ebenfalls nicht sicher, wie der Prozess verlaufen soll.

---

180 *UK Home Office*, EU Settlement Scheme: Statement of Intent, Juni 2018, S. 12.

3. *Unionsbürgerschaft*

a) Grundsätzliches zur Unionsbürgerschaft

Staatsangehörige der Mitgliedstaaten sind Unionsbürger*innen (Art. 20 Abs. 1 S. 2 AEUV). Die nationale Staatsangehörigkeit ist damit notwendige und hinreichende Bedingung für die Unionsbürgerschaft,[181] die damit ein Plus zur nationalen Staatsangehörigkeit darstellt und sie nicht ersetzt (Art. 20 Abs. 1 S. 3 AEUV). Sie lässt sich daher als „abgeleitetes Angehörigkeitsverhältnis“[182] verstehen. Die Staatsangehörigkeit selbst definiert der EuGH als das „Verhältnis besonderer Verbundenheit und Loyalität sowie die Gegenseitigkeit der Rechte und Pflichten“ zwischen dem Staat und seinen Angehörigen, deren Erwerb und Verlust sich grundsätzlich nach dem nationalen Recht richtet.[183] Der EuGH versteht den Unionsbürgerstatus als „grundlegenden Status der Angehörigen der Mitgliedstaaten [...], der es denjenigen unter ihnen, die sich in der gleichen Situation befinden, erlaubt, unabhängig von ihrer Staatsangehörigkeit und unbeschadet der insoweit ausdrücklich vorgesehenen Ausnahmen die gleiche rechtliche Behandlung zu genießen.“[184] Verknüpft damit sind bestimmte Rechte, so etwa ein allgemeines Diskriminierungsverbot unabhängig von der Ausübung der Grundfreiheiten (Art. 18 UAbs. 1 AEUV), ein ebenfalls unabhängig von der Ausübung der Grundfreiheiten[185] bestehendes Freizügigkeitsrecht (Art. 21 AEUV) und das aktive und passive Wahlrecht bei Europawahlen und Kommunalwahlen (Art. 20 Abs. 2 S. 2 lit. b]; 22 AEUV).

b) Sind britische Staatsangehörige Unionsbürger*innen?

Für die Dauer der Implementierungsphase scheint die Antwort auf diese Frage einfach. Denn Art. 127 Abs. 6 DWA legt fest, dass für die Dauer der Implementierungsphase der Begriff „Mitgliedstaaten“ so auszulegen ist, dass er das VK erfasst. Damit wären britische Staatsangehörige vom

---

181 Vgl. *Heselhaus*, in: Pechstein/Nowak/Häde (Hrsg.), Frankfurter Kommentar zu EUV, GRC und AEUV, 2017, Art. 20 AEUV Rn. 18.
182 *Haratsch/Koenig/Pechstein*, Europarecht, 11. Aufl. 2018, Rn. 778.
183 EuGH, Rs. C-135/08, Rn. 51 – *Rottmann*.
184 EuGH, Rs. C-184/99, Rn. 31 – *Grzelczyk*.
185 *Haratsch/Koenig/Pechstein*, Europarecht, 11. Aufl. 2018, Rn. 788.

Schutzbereich auch der Unionsbürgerschaft und insb. Art. 20 Abs. 2 S. 2 AEUV erfasst.

Die Unionsrechtskonformität dieser Regelung ist nicht selbstverständlich. Dafür spricht, dass die Unionsbürgerschaft qua definitionem Sache der Union ist. Konsequenterweise hat sie nach Art. 21 Abs. 1 UAbs. 1 AEUV die Kompetenz inne, die erforderlichen Vorschriften zu erlassen, um die Ausübung von Aufenthalts- und Freizügigkeitsrecht zu erleichtern. Nach Art. 216 Abs. 1 AEUV hat die Union eine Vertragsschlusskompetenz wenn die Verträge es vorsehen, „wenn der Abschluss einer Übereinkunft im Rahmen der Politik der Union entweder zur Verwirklichung eines der in den Verträgen festgesetzten Ziele erforderlich oder in einem verbindlichen Rechtsakt der Union vorgesehen ist oder aber gemeinsame Vorschriften beeinträchtigen oder deren Anwendungsbereich ändern könnte." Damit inkorporiert das Primärrecht die AETR-Rechtsprechung[186] bzw. Stillegungsfonds-Rechtsprechung.[187] Es gibt mit der Freizügigkeitsrichtlinie[188] relevantes Sekundärrecht. Es scheint also in der Kompetenz der EU zu liegen, die Unionsbürgerschaft auf VK-Staatsangehörige zu erstrecken.

Dies ist aber nicht überzeugend. Zunächst sprechen Existenz und Wortlaut von Art. 20 Abs. 2 S. 2 AEUV dagegen. Es ist gerade nicht Sache der Union, die Unionsbürgerschaft zu begründen.[189] Dies wird ihr durch die Mitgliedstaaten im Primärrecht vorgeben. Der Wortlaut ist insoweit eindeutig, denn Voraussetzung für die Existenz der Unionsbürgerschaft ist die Staatsangehörigkeit eines Mitgliedstaates. Die Union kann weder an der mitgliedstaatlichen Staatsangehörigkeit noch an den Voraussetzungen etwas ändern, ob oder wie diese Mitgliedsstaatsangehörigen Unionsbürger*innen werden. Ihre Kompetenz im Bereich der Unionsbürgerschaft ist darauf beschränkt, Sekundärrecht zum Erleichtern der Aufenthalts- und Freizügigkeit zu setzen. Sie hat keine Kompetenz zur Sekundärrechtssetzung im Bereich der Begründung der Unionsbürgerschaft. Konsequenterweise legt die Freizügigkeitsrichtlinie nicht die Einzelheiten der Unionsbürgerschaft fest, sondern setzt sie als gegeben voraus, um dann die Rechte und Beschränkungen zu konkretisieren. Die Richtlinie ist auf den Inhalt

186 EuGH, Rs. 22/70 – *AETR*; EuGH, Rs. 2/91, Rn. 25 f. – *ILO-Übereinkommen*.

187 EuGH, verb. Rs. 3/76, 4/76, 6/76, Rn. 30/33 – *Kramer*; EuGH, Rs. 1/76 – *Stillegungsfonds Binnenschiffahrt*.

188 Vgl. Fn. 160.

189 Deutlich *Heselhaus*, in: Pechstein/Nowak/Häde (Hrsg.), Frankfurter Kommentar zu EUV, GRC und AEUV, 2017, Art. 20 AEUV Rn. 18, 20.

der Unionsbürgerschaft, nicht auf deren Begründung oder Verlust bezogen.

Auch das obiter dictum des EuGH im Verfahren über das Recht der Bürger*innen Gibraltars, an Europawahlen teilzunehmen, kann an dieser Auffassung nichts ändern. Der EuGH hatte sich mit einem britischen Gesetz zu befassen, dass das aktive und passive Wahlrecht der Bürger*innen Gibraltars konkretisierte. Der EuGH hielt zunächst fest, dass das Primärrecht unergiebig bei dieser Frage sei. Er prüfte dann, ob eine „offensichtliche Verbindung zwischen der Unionsbürgerschaft und dem aktiven und passiven Wahlrecht besteht, aufgrund deren dieses Recht nur Unionsbürgern gewährt werden könnte."[190] Dies konnte er nicht finden. Er behauptete schlussendlich, dass das aktive und passive Wahlrecht zwar Unionsbürger*innen nach Art. 20 Abs. 2 S. 2 lit. b) AEUV zustünde, aber eben nicht nur Unionsbürger*innen.[191] Aus der Tatsache, dass der Unionsbürgerstatus den grundlegenden Status der Mitgliedsstaatsangehörigen bestimme, folge nicht, „dass die vom Vertrag verliehenen Rechte nur Unionsbürgern zustünden."[192]

Überzeugend ist die Herangehensweise des EuGH nicht. Zu pauschal wirft er alle Rechte der Unionsbürgerschaft in einen Topf und differenziert nicht zwischen den unterschiedlichen Ausprägungen, welche die Unionsbürgerschaft hat. Die Unionsbürgerrechte lassen sich zumindest in Rechte i.e.S. und i.w.S. unterteilen,[193] wenn nicht sogar in drei Kategorien von exklusiven, demokratischen und allgemeinen Rechten.[194] So ist etwa das Petitionsrecht eine Angelegenheit zwischen Union und Bürger*innen. Die Mitgliedstaaten sind nicht involviert. Anders verhält es sich beim aktiven und passiven Wahlrecht für Europawahlen, die nach dem bisherigen Stand des Unionsrechts nach wie vor Sache der Mitgliedstaaten sind, auch wenn damit der Integrationsprozess demokratisch legitimiert wird.[195]

Damit kann die Union im DWA nicht die Unionsbürgerschaft der VK-Angehörigen mit diesem Staat aushandeln und vereinbaren. Diese Frage

---

190 EuGH, Rs. C-145/04, Rn. 70 – *Spanien v. VK.*

191 EuGH, Rs. C-145/04, Rn. 74 – *Spanien v. VK.*

192 EuGH, Rs. C-145/04, Rn. 74 – *Spanien v. VK.*

193 *Wendel*, § 18 Unionsbürgerrechte, Freizügigkeit, in: Grabenwarter (Hrsg.), Enzyklopädie Europarecht II – Europäischer Grundrechtsschutz, 2014, S. 739 ff., Rn. 10.

194 *Heselhaus*, in: Pechstein/Nowak/Häde (Hrsg.), Frankfurter Kommentar zu EUV, GRC und AEUV, 2017, Art. 20 AEUV Rn. 29.

195 *Heselhaus*, in: Pechstein/Nowak/Häde (Hrsg.), Frankfurter Kommentar zu EUV, GRC und AEUV, 2017, Art. 20 AEUV Rn. 49.

ist eine Sache der Mitgliedstaaten. Daher wäre es folgerichtig gewesen, das DWA als gemischtes Abkommen abzuschließen. Weil dies aber nicht geschehen ist, ist die Regelung aus europarechtlicher Sicht nicht haltbar.

c) Ist der Verlust der Unionsbürgerschaft unionsrechtskonform möglich?

Es stellt sich die Frage, ob der Verlust der Unionsbürgerschaft unionsrechtlich möglich ist. Es geht im Kern um die Frage, ob Art. 20 Abs. 1 AEUV positivrechtlich oder anders ausgelegt werden muss oder noch anderes formuliert: Hat sich der Status der Unionsbürgerschaft so weit von der nationalen Staatsangehörigkeit entfernt, dass er unabhängig von der nationalen Staatsangehörigkeit besteht und nicht einfach entzogen werden kann?[196]

Immerhin spricht der EuGH schon in der *van Gend & Loos*-Entscheidung davon, dass die durch das Gemeinschafts- bzw. Unionsrechte verliehenen Rechte auch den Einzelnen als Rechtssubjekte betreffen. Die englische Fassung des Urteils gibt dem eine gehaltvollere Konnotation: „Community law therefore not only imposes obligations on individuals but is also intended to confer upon them rights which become part of their legal heritage."[197] Diese „legal heritage" scheint gegenüber der deutschen Fassung von einem höheren Status der Rechte von Individuen auszugehen. Die Beschreibung der Unionsbürgerschaft in der *Grzelczyk*-Entscheidung als grundlegender Status der Angehörigen der Mitgliedstaaten liegt voll auf dieser Linie.[198] Damit wird die fundamentale Bedeutung dieses Status betont.

Nebenbei bemerkt sei die Unionsbürgerschaft in der Rechtsprechung des Bundesverfassungsgerichts. Im Staatsaufgabenvorbehalt des Lissabon-Urteils listet das Gericht zwar zentrale Elemente der Staatlichkeit wie das materielle und formelle Strafrecht, das innere und äußere Gewaltmonopol und die fiskalischen Grundentscheidungen auf – das Recht der Staatsange-

196 In diese Richtung wohl *Mindus*, European Citizenship after Brexit, S. 49 ff.

197 EuGH, Rs. 26/62, Slg. 1963, 7 (24 f.) – *van Gend & Loos*.

198 Generalanwalt *Poiares Maduro* weist darauf hin, dass der EuGH den Begriff der Unionsbürgerschaft als „*rechtlichen* Begriff" versteht (Hervorhebung im Original), GA *Poiares Maduro*, Rs. C-524/06, Rn. 19 – Huber. In der Rs. *Rottmann* betont der gleiche Generalanwalt, welches Potential die Unionsbürgerschaft für ein europäisches demos hätte, vgl. GA *Poiares Maduro*, Rs. C-135/08, Rn. 23 – *Rottmann*. Der primärrechtlichen Ausgestaltung der Unionsbürgerschaft vorausgreifend schon GA *Jacobs*, Rs. C-168/91, Rn. 46 – *Konstantinidis*.

hörigkeit fehlt hier aber.[199] Freilich betont es an anderer Stelle, dass die Unionsbürgerschaft „nicht zu einer Überlagerung des primären Staatsangehörigkeitsstatus durch die Unionsbürgerschaft“ führe.[200] Sie stelle sich als Ableitung aus der nationalen Staatsangehörigkeit dar. Dieser „abgeleitete Status der Unionsbürgerschaft und die Wahrung der mitgliedstaatlichen Staatsangehörigkeit bilden die Grenze für die in Art. 25 Abs. 2 AEUV angelegte Entwicklung der Unionsbürgerrechte und für die Rechtsprechung des Gerichtshofs der Europäischen Union.“[201] Das Bundesverfassungsgericht rückt damit nicht von der klassischen Position ab, dass das Staatsangehörigkeitsrecht Kern der Staatlichkeit eines Verfassungsstaates darstellt und dessen voller Souveränität unterfällt. Beschränkungen bei Erwerb oder Verlust der Staatsangehörigkeit bestehen zwar, vor allem durch völkerrechtliche Vereinbarungen[202] und durch nationale Staatsangehörigkeitsgesetze – beide gehen aber zurück auf die freie Entscheidung des Staates.

d) Verlust der Unionsbürgerschaft in der Rechtsprechung des EuGH

i. Rechtsprechung des EuGH

Schließlich erkennt auch der EuGH an, dass die Unionsbürgerschaft entzogen werden kann. Dazu hat er eine umfangreiche Rechtsprechung entwickelt.

Zum Verlust der Unionsbürgerschaft hatte sich der EuGH in der Rechtssache *Rottmann* bereits 2010 geäußert.[203] Herr *Rottmann* hatte im Jahr 1999 seine österreichische Staatsangehörigkeit verloren, als er die deutsche Staatsangehörigkeit erwarb. Später stellte sich heraus, dass er die deutsche Staatsangehörigkeit durch Täuschung erschlichen hatte. Die deutschen Behörden entzogen ihm die deutsche Staatsangehörigkeit, die deutschen Gerichte hielten diese Entscheidung aufrecht und in der Folge verlor *Rottmann* die deutsche Staatsangehörigkeit, wurde staatenlos und verlor konsequenterweise seine Unionsbürgerschaft. Der EuGH verwies auf seine ältere

---

199 BVerfGE 123, 267 (359) – *Lissabon*.
200 BVerfGE 123, 267 (405) – *Lissabon*.
201 BVerfGE 123, 267 (405) – *Lissabon*.
202 Vgl. neben dem Unionsrecht v.a. Übereinkommen zur Verminderung der Staatenlosigkeit, BGBl. 1977-II, 598; Übereinkommen zur Verringerung der Fälle von Staatenlosigkeit, BGBl. 1977-II, 613.
203 EuGH, Rs. C-135/08 – *Rottmann*.

Rechtsprechung, wonach die Mitgliedstaaten bei der Festlegung von Voraussetzungen für den Erwerb und Verlust der Staatsangehörigkeit das Unionsrecht zu beachten haben.[204] In der Rs. *Rottmann* widmet er sich dann den Bedingungen, „unter denen ein Unionsbürger aufgrund des Verlusts seiner Staatsangehörigkeit diese Unionsbürgereigenschaft und demzufolge die mit ihr verbundenen Rechte verlieren kann."[205] Dazu bedarf es zweier Voraussetzungen, nämlich einen legitimen im Allgemeininteresse liegenden Grund und die Beachtung der Verhältnismäßigkeit. Im vorliegenden Fall hatte Herr *Rottmann* über die Bedingungen zum Erwerb der deutschen Staatsangehörigkeit arglistig getäuscht. Im Vertrauensschutz sah der EuGH einen legitimen im Allgemeininteresse liegenden Grund; selbst in Fällen wie dem vorliegenden, in dem der Betroffene durch den Entzug der Staatsangehörigkeit nicht etwa seine frühere Staatsangehörigkeit behält, sondern staatenlos wird.[206] Darüber hinaus müsse die Verhältnismäßigkeit beachtet werden.[207] Verallgemeinernd betont der EuGH, dass „[a]ngesichts der Bedeutung, die das Primärrecht dem Unionsbürgerstatus beimisst, [...] bei der Prüfung einer Entscheidung über die Rücknahme der Einbürgerung die möglichen Folgen zu berücksichtigen [sind], die diese Entscheidung für den Betroffenen und gegebenenfalls für seine Familienangehörigen in Bezug auf den Verlust der Rechte, die jeder Unionsbürger genießt, mit sich bringt. Hierbei ist insbesondere zu prüfen, ob dieser Verlust gerechtfertigt ist im Verhältnis zur Schwere des vom Betroffenen begangenen Verstoßes, zur Zeit, die zwischen der Einbürgerungsentscheidung und der Rücknahmeentscheidung vergangen ist, und zur Möglichkeit für den Betroffenen, seine ursprüngliche Staatsangehörigkeit wiederzuerlangen."[208] Auch dies war im Fall von Herrn Rottmann gegeben.

In der Rechtssache *Zambroni* war Prüfungsmaßstab die Unionsbürgerschaft der Kinder von Herrn *Zambroni*, der selbst Drittstaatsangehöriger war.[209] Ein Eingriff in seine „Rechte" verletze damit die unionsbürgerschaftlichen Rechte der Kinder. Hier befasste sich der EuGH also nicht mit dem Verlust der Unionsbürgerschaft.

In der Rechtssache *Tjebbes* u.a ging es um ein niederländisches Gesetz, dass eine Frist von zehn Jahren vorsah, innerhalb derer doppelte Staatsan-

204 EuGH, Rs. C-369/90, Rn. 10 – *Micheletti*.
205 EuGH, Rs. C-135/08, Rn. 46 – *Rottmann*.
206 EuGH, Rs. C-135/08, Rn. 50 ff. – *Rottmann*.
207 EuGH, Rs. C-135/08, Rn. 55 – *Rottmann*.
208 EuGH, Rs. C-135/08, Rn. 56 – *Rottmann*.
209 EuGH, Rs. C-34/09 – *Zambroni*.

gehörige mit einer Unionsbürgerschaft, die nicht in der EU lebten, sich melden oder ein Identifikationsdokument beantragen mussten. Rechtsfolge der Nichtbefolgung war der Verlust der Staatsangehörigkeit. Wie der Generalanwalt *Mengozzi* festhält geht es in dem kürzlich entschiedenen[210] Verfahren über den Wertungsspielraum, über den die Mitgliedstaaten verfügen, „um die Voraussetzungen für den Verlust der Staatsangehörigkeit festzulegen".[211] Der Generalanwalt meint, dass dazu ein im Allgemeininteresse liegender Grund vorliegen und der Grundsatz der Verhältnismäßigkeit gewahrt werden muss.[212] Die Niederlande begründen das Gesetz damit, dass von einer echten Bindung der Betroffenen zu ihrem Heimatstaat nicht ausgegangen werden kann, wenn diese innerhalb der Zehnjahresfrist weder in die Niederlande einreisen noch ein Identifikationsdokument beantragen. Der Generalanwalt sieht daran einen legitimen Grund.[213] Er hält außerdem eine solche Verhältnismäßigkeit für ausreichend, welche die staatliche Maßnahme untersucht und nicht auf Einzelfälle eingeht.[214] Mit Ausnahme des letzten Punktes folgte der EuGH im Februar 2019 der Ansicht seines Generalanwalts: Die Mitgliedstaaten könnten das Verhältnis besonderer Verbundenheit und Loyalität sowie die Gegenseitigkeit von Rechten und Pflichten, die dem Staatsangehörigkeitsbande zugrunde liegen würde, schützen, soweit es eine Nachprüfung im Einzelfall auch unter Berücksichtigung der Verhältnismäßigkeit gebe.[215] Ein Verlust bleibt damit unter den in der Rs. *Rottmann* identifizierten Bedingungen rechtmäßig.

Damit ist in der Rechtsprechung des EuGH klargestellt, dass ein Verlust der nationalen Staatsangehörigkeit, der zum Verlust der Unionsbürgerschaft führt, unionsrechtskonform sein kann.

ii. Übertragbarkeit auf den Brexit

Beim Brexit handelt es sich aber nicht um die Frage des Verlusts der Unionsbürgerschaft als Folge des Verlusts einer nationalen Staatsangehörig-

---

210 EuGH, Rs. C-221/17 – *Tjebbes u.a.*

211 Schlussantrag GA *Mengozzi*, Rs. C-221/17, Rn. 2 – *Tjebbes u.a.* Dazu *Steinbeis*, Wozu muss der Verlust der Unionsbürgerschaft verhältnismäßig sein?, Verfassungsblog.de, 13.7.2018.

212 Schlussantrag GA *Mengozzi*, Rs. C-221/17, Rn. 50 – *Tjebbes u.a.*

213 Schlussantrag GA *Mengozzi*, Rs. C-221/17, Rn. 53 f. – *Tjebbes u.a.*

214 Schlussantrag GA *Mengozzi*, Rs. C-221/17, Rn. 63 – *Tjebbes u.a.*

215 EuGH, Rs. C-221/17, Rn. 48 – *Tjebbes u.a.*

keit, sondern um den Verlust der Unionsbürgerschaft ohne Verlust der nationalen Staatsangehörigkeit. Eine Übertragung der soeben erläuterten Rechtsprechung scheidet damit aus.

Der Verlust der Unionsbürgerschaft durch den Brexit lag dem EuGH bereits vor.[216] Einige britische Staatsangehörige um *Harry Shindler* haben Nichtigkeitsklage gegen den Beschluss des Europäischen Rates von Mai 2017, Austrittsverhandlungen mit dem VK aufzunehmen,[217] eingereicht. Sie rügen u.a. den Entzug der Unionsbürgerschaft und den damit einhergehenden Rechtsverlust.[218] Im November 2018 hat der EuGH die Klage als unzulässig abgewiesen.[219] Begründet hat er dies mit der fehlenden unmittelbaren Betroffenheit der Kläger durch den Beschluss des Europäischen Rates.[220] Völlig zu Recht stellt der EuGH heraus, dass der Austrittsprozess nicht von der EU, sondern von der britischen Premierministerin eingeleitet worden ist.[221] Auch völlig zu Recht mahnt er an, dass der Status der Kläger durch den Ratsbeschluss nicht modifiziert werde und noch nicht absehbar sei, welche Folgen für deren Status durch den Austritt des VK geschaffen werden würden.[222] In der Sache, also zum Verlust der Unionsbürgerschaft, macht der EuGH keine belastbaren Aussagen.

e) Regelungen im DWA

Mit dem Verlust der Unionsbürgerschaft muss das DWA umgehen. Wie bereits erwähnt überzeugt es nicht, die Unionsbürgerschaft als solche für die Dauer der Implementierungsphase weiterlaufen zu lassen.

---

216 EuGH, Rs. T-458/17 – *Shindler u.a.*

217 Rat der EU, Beschluss des Rates zur Ermächtigung zur Aufnahme von Verhandlungen mit dem Vereinigten Königreich von Großbritannien und Nordirland über ein Abkommen, in dem die Einzelheiten seines Austritts aus der EU festgelegt werden, XT 21016/17 vom 15.5.2017; Anhang zu diesem Beschluss, XT 21016/17 ADD 1 REV 2 vom 22.5.2017.

218 EuGH, Rs. T-458/17, Rn. 25 – *Shindler u.a.*

219 EuGH, Rs. T-458/17, Rn. 21 ff. – *Shindler u.a.*

220 EuGH, Rs. T-458/17, Rn. 34 ff. – *Shindler u.a.*

221 EuGH, Rs. T-458/17, Rn. 43 – *Shindler u.a.*

222 EuGH, Rs. T-458/17, Rn. 44, 47 – *Shindler u.a.*

i. Aufenthalt und Freizügigkeit nach der Implementierungsphase

Für den Zeitraum danach gilt der bereits in anderen Zusammenhang erwähnte Abschnitt über „citizen's rights", welcher Unionsbürger*innen, die von ihrem Freizügigkeitsrecht Gebrauch gemacht haben und im VK leben, und VK-Bürger*innen, die ebenfalls von ihrem Freizügigkeitsrecht Gebrauch gemacht haben und sich vor dem Ende der Implementierungsphase im jeweiligen Land niedergelassen haben, Personen, die von ihrer Arbeitnehmer- oder Niederlassungsfreiheit Gebrauch gemacht haben, ohne im Land der wirtschaftlichen Betätigung zu leben (Grenzarbeitnehmer, „frontier workers") und teilweise auch deren Familienmitglieder (Art. 10 DWA) in den Fokus nimmt. Geschaffen werden Überleitungsvorschriften, die den Status der Personen sichern und ihnen Aufenthalts- und Arbeitsrechte gewährleisten sollen.

ii. Aktives und passives Wahlrecht bei Europa- und Kommunalwahlen

Interessant ist, was mit anderen aus der Unionsbürgerschaft stammenden Rechten passiert. Art. 20 Abs. 2 AEUV sieht als weitere Rechte explizit noch das aktive und passive Wahlrecht bei Europa- und Kommunalwahlen, das Recht auf diplomatischen und konsularischen Schutz durch andere EU-Mitgliedstaaten sowie das Petitionsrecht vor.

Das Wahlrecht bei Kommunal- und Europawahlen (Art. 39 f. EUGRCh) ist nach Art. 127 Abs. 1 UAbs. 2 lit. b) DWA weder im VK anwendbar – so dass Unionsbürger*innen dort nicht an den Kommunalwahlen teilnehmen dürfen – noch für das VK anwendbar – so dass dessen Staatsbürger im EU-Ausland kein Wahlrecht bei Europa- und Kommunalwahlen haben. Dies soll bereits während der Implementierungsphase gelten. Die Vorschriften sind jedoch nur deklaratorisch. Als Nicht-Unionsbürger*innen haben sie grundsätzlich kein dementsprechendes Wahlrecht. Gleich wie bei der sekundärrechtlichen Ausgestaltung der Unionsbürgerschaft hat die Union beim aktiven und passiven Wahlrecht nur die Kompetenz, die Ausübungsmodalitäten zu regeln (Art. 22 Abs. 1, 2 AEUV). Die Begründung des Wahlrechts erfolgt durch das Primärrecht und ist nicht Teil der Unionskompetenzen. Damit ist der Ausschluss von Europa- und Kommunalwahlen unionsrechtskonform.

An der Europawahl im Mai 2019 haben britische Staatsangehörige noch als Unionsbürger*innen teilgenommen. Damit hat sich die praktische Relevant dieses Problems erledigt.

iii. Aktives und passives Wahlrecht in Irland

In Irland haben britische Staatsbürger bei Wahlen das aktive Wahlrecht, mit der Ausnahme von nationalen Referenden und Präsidentschaftswahlen.[223] Es stellt sich die Frage, ob das irische Recht auch britischen Staatsangehörigen unionsrechtskonform das Recht verleihen kann, aktiv und passiv an den Wahlen zum Europäischen Parlament teilzunehmen.

Der EuGH hatte in einer der ganz wenigen Staatenklagen nach Art. 258 AEUV über eine ähnliche Frage zu entscheiden. In dem Verfahren über das Recht der Bürger*innen Gibraltars, an Europawahlen teilzunehmen, mahnte Spanien an, dass das VK durch die Erstreckung des Wahlrechts auf britische Staatsangehörige, die keine Gemeinschaftsangehörigen waren, gegen das Gemeinschaftsrecht verstoßen haben.[224] Der EuGH lehnt die Auffassung ab und begründet dies unter anderem damit, dass das Unionsrecht nicht vorsehe, wer das aktive und passive Wahlrecht bei Europawahlen habe. Nach dem Stand des Gemeinschaftsrechts seien die Mitgliedstaaten dafür zuständig, „die Personen zu bestimmen, die das aktive und passive Wahlrecht für die Wahlen zum Europäischen Parlament haben, und dass es nicht gegen [Primärrecht] verstößt, wenn die Mitgliedstaaten dieses aktive und passive Wahlrecht bestimmten Personen zuerkennen, die enge Verbindungen mit ihnen aufweisen, ohne eigene Staatsangehörige oder in ihrem Hoheitsgebiet ansässige Unionsbürger zu sein."[225] Damit bestätigt der EuGH die Kompetenz der Mitgliedstaaten, über den Status als Unionsbürger zu bestimmen.

Dieser Rechtsprechung ist in dieser Hinsicht zuzustimmen. Die nationale Staatsangehörigkeit ist nach wie vor Sache der Mitgliedstaaten. Die Unionsbürgerschaft schließt sich daran automatisch an. Damit kann die Republik Irland frei darüber entscheiden, wer ihre Staatsangehörigkeit erhalten und damit das Recht erhalten soll, aktiv und passiv an Europawahlen teilzunehmen.

---

223 https://www.citizensinformation.ie/en/moving_country/moving_to_ireland/rights_of_residence_in_ireland/residence_rules_UK_citizens.html.

224 EuGH, Rs. C-145/04, Rn. 36 – *Spanien v. VK.* Die streitgegenständlichen britischen Regelungen waren eine Reaktion auf das Verfahren EGRM, Urteil von 18.2.1999, Beschwerdenr. 24833/94 – Matthews v. VK.

225 EuGH, Rs. C-145/04, Rn. 78 – *Spanien v. VK.*

iv. Petitionsrecht

Das Petitionsrecht wird vom DWA nicht erwähnt. Es müsste daher grundsätzlich während der Implementierungsphase über Art. 127 Abs. 1 UAbs. 1 DWA weiterhin anwendbar sein; freilich mit der Ausnahme des Rechts auf Bürgerinitiative, das nach Art. 127 Abs. 1 UAbs. 2 lit. b) DWA ausgeschlossen ist.

Unionsrechtlich ist diese Anwendung unproblematisch, da das Petitionsrecht nicht nur in Art. 24 AEUV auf Unionsbürger*innen bezogen ist, sondern nach Art. 227 AEUV zusätzlich jeder natürlichen oder juristischen Person mit Wohnort in einem EU-Mitgliedstaat zukommt. Das Petitionsrecht ist gerichtet auf jede Angelegenheit, die in den Tätigkeitsbereich der Union fällt. Es ergibt Sinn, dieses auch auf Bürger*innen im VK auszudehnen. Die Möglichkeit von Bürger*innen, Petitionen an das Parlament zu richten, stärkt die Bindung zwischen den Bürger*innen und ihrem Parlament[226] und macht die Union bürgernäher.[227] So eröffnet es „Wege der Kontrolle jenseits förmlicher Rechtsbehelfe".[228] Gerade in Bezug auf das VK als ein Land, das als Nichtmitgliedstaat dem Unionsrecht voll unterworfen wäre, stärkt es die Anwendung des Rechts, wenn den Rechtsunterworfenen diese Möglichkeit zukommt. Das Petitionsrecht mag mithin als Ausgleich zum fehlenden Wahlrecht gelten.

v. Recht auf diplomatischen und konsularischen Schutz

Ebenso wie das Petitionsrecht wird das Recht auf diplomatischen und konsularischen Schutz im DWA nicht ausdrücklich erwähnt. Dieses Recht dient dem Ziel des Art. 3 Abs. 5 S. 1 EUV, wonach die Bürger*innen in internationalen Beziehungen zu schützen sind.[229]

Auch hier sollte das Recht über Art. 127 Abs. 1 UAbs. 1 DWA für britische Staatsangehörige in der Implementierungsphase gelten. Für das Recht

---

226 *Kadelbach*, Unionsbürgerschaft, in: von Bogdandy/Bast (Hrsg.), Europäisches Verfassungsrecht, 2. Aufl. 2009, S. 611 (631).

227 *Kluth*, in: Calliess/Ruffert (Hrsg.), EUV/AEUV, 5. Aufl. 2016, Art. 227 Rn. 2.

228 *Wendel*, § 18 Unionsbürgerrechte, Freizügigkeit, in: Grabenwarter (Hrsg.), Enzyklopädie Europarecht II – Europäischer Grundrechtsschutz, 2014, S. 739 ff., Rn. 132.

229 *Wendel*, § 18 Unionsbürgerrechte, Freizügigkeit, in: Grabenwarter (Hrsg.), Enzyklopädie Europarecht II – Europäischer Grundrechtsschutz, 2014, S. 739 ff., Rn. 133.

auf diplomatischen und konsularischen Schutz durch andere EU-Mitgliedstaaten kann jedoch die soeben erwähnte Begründung nicht greifen. Der diplomatische und konsularische Schutz betrifft das Verhältnis von Unionsbürger*innen zu anderen EU-Mitgliedstaaten im Ausland. Er ist grundsätzlich keine Sache der Union, dementsprechend begründet das Recht keine „selbständige Schutzpflicht der Union".[230] Die Verpflichtung der Mitgliedstaaten, Staatsangehörigen anderer EU-Mitgliedstaaten diese Hilfe zu leisten, kann auch als Ausdruck der Loyalitätspflicht der Mitgliedstaaten untereinander verstanden werden.[231] Damit wird das Loyalitätsband zwischen Individuum und seinem Heimatstaat aufgrund der Unionsbürgerschaft und der Loyalitätspflicht weiter gesponnen bis zum anderen Mitgliedstaat. Es mag zwar nicht das Individuum sein, dass sich gegenüber dem anderen Mitgliedstaat besonders verbunden fühlt, aber dessen Behörden nehmen das Loyalitätsband auf und bieten den Schutz, den der Heimatstaat nicht bieten kann.[232]

Erneut lässt sich hier festhalten, dass die Union keine Kompetenz besitzt, das subjektive Recht auf diplomatischen und konsularischen Schutz durch EU-Mitgliedstaaten zu begründen. Insoweit geht auch hier der Verweis ins Leere. Dieses Recht ist exklusiv für Unionsbürger*innen reserviert[233] – VK-Angehörige haben kein Recht auf diplomatischen und konsularischen Schutz durch Mitgliedstaaten der Union.

f) Verlust der Unionsbürgerschaft durch den Brexit

i. Verlust der Unionsbürgerschaft durch den Brexit und seine Vereinbarkeit mit dem Unionsrecht

Es sei wiederholt, dass die zitierte Rechtsprechung des EuGH zum Verlust der Unionsbürgerschaft andere Situationen betrifft. Gemeinsamer Nenner ist nämlich stets der Verlust einer nationalen Staatsangehörigkeit, der dann zum Verlust der Unionsbürgerschaft geführt hat. Es ging den jeweili-

---

230 *Kluth*, in: Calliess/Ruffert (Hrsg.), EUV/AEUV, 5. Aufl. 2016, Art. 23 AEUV Rn. 23.

231 *Calliess/Kahl/Puttler*, in: Calliess/Ruffert (Hrsg.), EUV/AEUV, 5. Aufl. 2016, Art. 4 EUV Rn. 116.

232 In gleicher Stoßrichtung *Nettesheim*, in: Grabitz/Hilf/Nettesheim (Hrsg.), Das Recht der Europäischen Union, 57. Lfg. 2015, Art. 23 AEUV Rn. 1.

233 *Heselhaus*, in: Pechstein/Nowak/Häde (Hrsg.), Frankfurter Kommentar zu EUV, GRC und AEUV, 2017, Art. 20 AEUV Rn. 29.

gen Staaten unmittelbar um die eigene Staatsangehörigkeit, die Unionsbürgerschaft war stets nur mittelbar betroffen. Für den EuGH, der nicht für das Staatsangehörigkeitsrecht der Mitgliedstaaten zuständig ist, ist der Blickwinkel freilich ein anderer.

Nichtsdestoweniger wäre der Entzug der Unionsbürgerschaft durch den Brexit rechtmäßig, wenn man die Kriterien der Rechtsprechung zugrunde legen würde. Ein legitimer Grund des Allgemeinwohls liegt vor. Nicht anders kann die Existenz des Austrittsrechts nach Art. 50 EUV gewertet werden.[234] Das Unionsrecht akzeptiert dieses Ziel. Verhältnismäßig ist der vollständige Entzug der Unionsbürgerschaft für alle VK-Angehörigen ebenfalls. Denn was wäre die Alternative? Eine Unionsbürgerschaft ohne Mitgliedstaats-Staatsangehörigkeit widerspräche Art. 20 Abs. 1 S. 2 AEUV.

Unionsrechtlich ist aus der Wortlautauslegung des Art. 20 Abs. 1 S. 2 AEUV zu schließen, dass der Erwerb der Unionsbürgerschaft durch den Beitritt eines Staates zur EU für dessen Staatsangehörigen erfolgt (oder durch Geburt bei Schon-EU-Mitgliedsstaaten).[235] Im Gegensatz dazu, also aus der systematischen Auslegung von Art. 50 EUV i. V. m. Art. 20 AEUV ist zu schließen, dass der Verlust des Status als Mitgliedstaat eben zum Verlust der einzigen Voraussetzung des Art. 20 Abs. 1 S. 2 AEUV führt; es liegt nämlich keine mitgliedstaatliche Staatsangehörigkeit mehr vor, an welche die Unionsbürgerschaft anknüpfen könnte. Damit ist der Verlust der Unionsbürgerschaft aller VK-Angehörigen europarechtskonform.

ii. Bedeutung der Unionsbürgerschaft und die Rs. Shindler

Zurückzuweisen ist aber ausdrücklich ein Argument, dass der EuGH in der Rs. *Shindler* anklingen lässt. Er meint nämlich, dass es beim Brexit um die Beziehungen zwischen dem austretenden Mitgliedstaat und der Union gehe.[236] Weder die Staatsangehörigen des austretenden Mitgliedstaats noch die verbleibenden Unionsbürger*innen scheinen in dieser Konstellation eine Rolle zu spielen. Der EuGH nimmt zwar keine Stellung zum Verlust der Unionsbürgerschaft, sein hier anklingendes Verständnis spiegelt aber weder seine eigene Rechtsprechung noch den Charakter der Unionsrechtsordnung wider.

---

234 So auch *Mindus*, European Citizenship after Brexit, S. 78.
235 Darauf verweist auch *Mindus*, European Citizenship after Brexit, S. 78.
236 EuGH, Rs. T-458/17, Rn. 40 – *Shindler u.a.*

Die Anmerkung widerspricht zunächst der etwas pathetisch anmutenden Konzeption der EU als „neue[r] Stufe bei der Verwirklichung einer immer engeren Union der Völker Europas [...], in der die Entscheidungen möglichst offen und möglichst bürgernah getroffen werden" (Art. 1 Abs. 2 EUV) und deren Ziel es ist, „den Frieden, ihre Werte und das Wohlergehen ihrer Völker zu fördern" (Art. 3 Abs. 1 EUV). Sie widerspricht aus rein juristischer Sicht insbesondere auch dem Verständnis des EuGH selbst, der ja immer wieder – gerade auch in der Brexit-Rechtsprechung![237] – betont, dass die Gründungsverträge eine „neue, mit eigenen Organen ausgestattete Rechtsordnung geschaffen haben, zu deren Gunsten die ihr angehörenden Staaten in Bereichen von immer größerem Umfang ihre Souveränitätsrechte eingeschränkt haben und deren Rechtssubjekte nicht nur diese Staaten, sondern auch ihre Bürger sind."[238] Das Bild, das der EuGH in der Rs. *Shindler* vom Brexit zeichnet, entspricht schlicht nicht dem Charakter der Union als einer so hoch entwickelten Rechtsordnung. Wenn schon in Teilen des Völkerrechts die Mediatisierung des Einzelnen überwunden scheint,[239] ist sie es in der (aus Perspektive des Individuums) viel progressiveren Rechtsordnung des Unionsrechts längst. Mit dem Demokratieverständnis der EU wäre ein solches Beiseitewischen der Unionsbürgerschaft nicht vereinbar. Wie der EuGH in der *Wightman*-Entscheidung sagt, muss die Frage des Brexit eigentlich ganzheitlich betrachtet werden und auch die Rechte der betroffenen Bürger*innen berücksichtigen.[240] Dazu zählen auch die möglichen „erheblichen Auswirkungen auf die Rechte aller Unionsbürger".[241]

---

237 Ausdrücklich in EuGH, Rs. C-621/18, Rn. 44 – *Wightman*.

238 EuGH, Rs. C-621/18, Rn. 44 – *Wightman*.

239 Dafür *Epping*, § 9 Das Individuum als Völkerrechtssubjekt, in: Ipsen, Völkerrecht (hrsg. von Epping/Heintschel von Heinegg), 7. Aufl. 2018, Rn. 3; *Dörr*, § 31 Verantwortlichkeit anderer Völkerrechtssubjekte, in: Ipsen, Völkerrecht (hrsg. von Epping/Heintschel von Heinegg), 7. Aufl. 2018, Rn. 7; *Frau*, § 35 Das Völkerstrafrecht als Regelungsbereich des Völkerrechts, in: Ipsen, Völkerrecht (hrsg. von Epping/Heintschel von Heinegg), 7. Aufl. 2018, Rn. 6. Vgl. auch BGHZ 169, 348 (351).

240 EuGH, Rs. C-621/18, Rn. 45 f. – *Wightman*.

241 EuGH, Rs. C-621/18, Rn. 64. – *Wightman*.

iii. Sonderfall Nordirland

Einen besonderen Anwendungsfall bildet das Beispiel Nordirland. Bisher haben alle Brit*innen nach Art. 20 Abs. 1 S. 2 AEUV die Unionsbürgerschaft. Dies gilt für alle Personen, welche nach nationalem Recht als VK-Staatsangehörige gelten und wie es die britische Regierung in Erklärungen bereits zum Beitrittsvertrag konkretisiert hat.[242] Das nationale Staatsangehörigkeitsrecht des VK ist – erneut aufgrund der kolonialen Vergangenheit des Staates – äußerst komplex.[243]

Grob gesagt existieren die drei Kategorien der „British citizen“ (Anwohnern des Mutterlandes), „British dependent territories citizen“ (Anwohner der abhängigen Gebiete) und „British subjects without citizenship“ (Inhaber des früheren „citizenship of the UK and Colonies”).[244] Des Weiteren existieren noch viele Spezialfälle. Um zu illustrieren, welche Blüten das britische Recht treibt, dient folgendes Beispiel: Bestimmte Nachkommen von *Sophie*, Prinzessin von der Pfalz, haben Anspruch auf Verleihung der Staatsangehörigkeit. *Sophie* war designierte Thronfolgerin und starb im Jahr 1714. Durch den Act of Settlement von 1701 ist sichergestellt, dass nur protestantische Nachkommen eben jener *Sophie* Königin oder König des Vereinigen Königreichs werden können.[245]

Fraglos sind Bürger*innen Nordirlands volle VK-Staatsangehörige und damit Unionsangehörige – bis zum Austritt des VK aus der Union. Den Bürger*innen Nordirlands[246] kommt indessen ein besonderes Privileg zu, das im Englischen als „birthright“ bezeichnet wird. Dieses „Geburtsrecht“ wird in Art. 1 Abs. vi Karfreitagsabkommen zwischen dem VK und Irland

---

242 Erklärung der Regierung des Vereinigten Königreichs von Großbritannien und Irland über die Bestimmung des Begriffs „Staatsangehörige“, ABl. 1972, L-73/196, als Anhang zum Vertrag über den Beitritt Dänemarks, Irlands und des Vereinigten Königreichs, ABl. 1973, L-73/5.

243 Es existiert eine offizielle Seite der Britischen Regierung, auf der man online überprüfen kann, ob man britischer Staatsbürger ist: https://www.gov.uk/check-british-citizen.

244 British Nationality Act 1981, http://www.legislation.gov.uk/ukpga/1981/61/contents. Deutsche Übersetzung nach https://de.wikipedia.org/wiki/Britische_Staatsbürgerschaft. Vgl. dazu auch EuGH, Rs. C-192/99, Rn. 10- *Kaur*.

245 Act of Settlement 1701, http://www.legislation.gov.uk/aep/Will3/12-13/2/contents.

246 Definiert werden diese im Anhang 2 zu Art. 1 Abs. vi Karfreitagsabkommen als solche, die in Nordirland geboren sind und entweder ein Elternteil haben, das britisches oder irisches Staatsangehörige ist, oder sich dauerhaft in Nordirland aufhalten dürfen.

ausdrücklich anerkannt. Inhalt des Rechts ist es, sich als Irisch oder Britisch oder beides zu identifizieren und als solches akzeptiert zu werden. Das bedeutet, so das Karfreitagsabkommen ausdrücklich, dass Bürger*innen Nordirlands auf ihren Wunsch sowohl die britische als auch die irische Staatsangehörigkeit erhalten können. De lege lata können diese Personen auch nach dem Brexit und dem Ende der Implementierungsphase die irische Staatsangehörigkeit zusätzlich wählen und damit Unionsbürger*innen werden.

Analog sieht Art. 2 S. 1, 2 der irischen Verfassung das Recht jeder auf der irischen Insel geborenen Person vor, die Staatsangehörigkeit der Republik Irland zu erhalten.

Problematisch ist das Folgende: Das Karfreitagsabkommen soll nach dem siebten Erwägungsgrund der Präambel NIP in all seinen Teilen bewahrt werden. Dennoch wird das „birthright" nicht in der Auflistung der weitergeltenden menschenrechtlichen Verpflichtungen des VK in Art. 4 Abs. 1 NIP erwähnt; die Vorschrift bezieht sich nur auf den sechsten Abschnitt des Karfreitagsabkommens, in dem das „birthright" nicht enthalten ist. Es stellt sich die Frage, ob es dem VK gestattet ist, von diesem Eingeständnis im Karfreitagsabkommen abzuweichen. Freilich muss hier außen vor bleiben, dass dieses wohl einen Verstoß gegen Völkervertragsrecht in Bezug auf Irland darstellen würde. Maßgeblich soll hier die unionsrechtliche Sicht sein.[247]

Gegen die Zulässigkeit spricht, dass sich die gesamte Union und ihr Mitgliedstaat Irland auf die Weitergeltung des Karfreitagsabkommens verlassen. Es ist ein bindender völkerrechtlicher Vertrag zwischen dem VK und Irland. Die Staatsangehörigen des VK haben unter Geltung des Karfreitagsabkommens das Recht, die irische Staatsangehörigkeit dazu zu wählen und damit ihre Unionsbürgerschaft zu begründen. Ob sie Unionsbürger*innen werden, hängt allein von ihrer Entscheidung ab. In dieser Linie sieht Erwägungsgrund 7 der Präambel des NIP vor, dass die Rechte der Bürger*innen Nordirlands, welche sich für die irische Staatsangehörigkeit entscheiden, respektiert werden sollen.

Diese Lesart kann nicht überzeugen. Erstens ist der siebte Erwägungsgrund nur ein Aufruf in der Präambel des NIP. Zweitens wird nicht das „birthright" in den Fokus genommen, sondern die Rechte und Möglichkeiten, die sich als aus der Ausübung des Wahlrechts entstandenen Unionsbürgerschaft ergeben. Diese möchte das DWA schützen. Ebenso spricht

---

247 Ein ähnliches Beispiel in Bezug auf Deutschland findet sich bei *Grzeszick*, Nationale Staatsangehörigkeit und europäische Unionsbürgerschaft, ZRP 2015, 42 ff.

für die Zulässigkeit der Änderungsmöglichkeit, dass das Karfreitagsabkommen weder Teil des Unionsrechts ist, noch wird. Es stellt vielmehr ein autonomes Abkommen zweier EU-Mitgliedstaaten dar.[248] Das DWA ist sehr selektiv, welche Teile des Karfreitagsabkommens es in Bezug nimmt. Art. 1 Abs. 1 NIP etwa schafft einen Vorbehalt für die verfassungsrechtlichen Bestimmungen des Abkommens, namentlich dessen zweiten Abschnitt. In Bezug auf Individualrechte existiert nur Art. 2 Abs. 1 NIP, der das „birthright" gerade nicht erwähnt. Zwar gehen sowohl die EU als auch VK davon aus, dass das Abkommen nach dem Brexit bestehen bleibt. Ausdruck dessen sind die zahlreichen Regelungen im DWA und NIP, die von der Fortgeltung des Karfreitagsabkommens ausgehen. Festgeschrieben wird dies aber nicht. Hier rächt sich, dass die EU im DWA sich nicht hat versichern lassen, dass das VK das Karfreitagsabkommen auch einhalten werde uns insb. auch das zukünftige Wahlrecht der Bürger*innen Nordirlands wahren werde. Im Ergebnis heißt dies also, die Bürger*innen Nordirlands haben zwar die Option, durch eigene Entscheidung Unionsbürger*innen zu werden diese kann ihnen aber einseitig durch ihren Heimatstaat genommen werden, auch wenn dies politisch eher unwahrscheinlich erscheint. Das DWA bietet ihnen davor keinen Schutz.

Dies ist auch in Linie mit der Rechtsprechung des EuGH. In der Rechtssache *Kaur*[249] hatte sich der EuGH mit einer Frau zu befassen, die Bürgerin des VK war, allerdings den Status der „britischen überseeischen Bürgerin" innehatte, der kein Aufenthaltsrecht im „Mutterland" begründete.[250] In einem innerstaatlichen Verfahren wurde die Frage dem EuGH vorgelegt, welche Wirkungen die britischen Bestimmungen über die Staatsangehörigkeit einerseits und die britischen Erklärungen zur Auslegung des unionsrechtlichen Begriffs der Staatsangehörigen der Mitgliedstaaten andererseits hätten. Der EuGH attestierte, dass Frau *Kaur* niemals Unionsbürgerin war, weil sie niemals die innerstaatlichen Kriterien für die nach Art. 20 Abs. 1 S. 2 AEUV erforderliche mitgliedstaatliche Staatsbürgerschaft erfüllt hat.[251] Dem EuGH ist zuzustimmen. Wer kein Unionsbürger ist, kann den Status auch nicht verlieren.

248 Terminologie nach *Heesen*, Interne Abkommen, S. 12 ff.
249 EuGH, Rs. C-192/99 – *Kaur*.
250 EuGH, Rs. C-192/99, Rn. 11 – *Kaur*.
251 EuGH, Rs. C-192/99, Rn. 25 f. – *Kaur*.

iv. Ergebnis: Unionsrechtskonformer Verlust der Unionsbürgerschaft aller Briten

Nach der Rechtsprechung des EuGH müssen die Mitgliedstaaten bei der Ausgestaltung ihres nationalen Staatsangehörigkeitsrechts das Unionsrecht beachten.[252] Im Kern geht es dabei um den Verlust der Unionsbürgerschaft. Beim VK handelt es sich aber zu dem fraglichen Zeitpunkt nicht mehr um einen Mitgliedstaat der EU. Er muss sich daher nicht an die unionsrechtlichen Vorgaben halten.

4. *Sekundärrechtssetzung und Mirror-Legislation*

a) Anwendbarkeit des Sekundärrechts und Rechtsstand

Gerade weil mit dem Austritt des VK aus der Union das Unionsrecht in Gänze nicht mehr anwendbar sein wird (Art. 50 Abs. 3 EUV), ist es Ziel des DWA, das Unionsrecht im VK anwendbar zu machen (8. Erwägungsgrund Präambel DWA). Dementsprechend sieht Art. 127 Abs. 1 DWA vor, dass Unionsrecht während der Implementierungsphase anwendbar sein soll. Dies gilt ausweislich der Legaldefinition von Art. 2 lit. a) Nr. iii) DWA auch für das Sekundärrecht der Union.

Dieses wird jedoch regelmäßig aktualisiert. Einzelne Verordnungen, Richtlinien oder Beschlüsse werden geändert, manche umfassend reformiert und andere ganz neu geschaffen. Es besteht eine große praktische Notwendigkeit zu klären, welchen Rechtsstand das VK anwenden muss.

Art. 6 DWA gibt darüber Auskunft: Nach dieser Vorschrift ist das Unionsrecht in der Fassung gültig, die es am Ende der Implementierungsphase hat.

b) Mitwirkungsrechte im Unionsrecht und Adressaten des Unionsrechts

Sekundärrechtssetzung erfolgt im Unionsrecht durch die Organe der EU (Art. 288 Abs. 1 AEUV). Es ist eine genuine Kompetenz der Union, die durch eigene Organe ausgefüllt wird. Insbesondere werden Kommission, Parlament und Rat gemeinsam tätig, um Sekundärrechtsakte zu erlassen

252 EuGH, Rs. C-369/90, Rn. 10 – *Micheletti*.

(vgl. nur das ordentliche Gesetzgebungsverfahren bzw. Mitentscheidungsverfahren nach Art. 294 AEUV). Freilich setzen sich diese Organe aus Vertretern der Mitgliedstaaten zusammen (Art. 14 Abs. 1 EUV für das Parlament, Art. 16 Abs. 2 EUV für den Rat, Art. 17 Abs. 5 EUV für die Kommission). Mittelbar „sichern" sich damit die Mitgliedstaaten Einfluss auf die Tätigkeit der Union und ihrer Organe. Neutraler formuliert sichert die EU-Mitgliedschaft bestimmte Mitwirkungsrechte innerhalb dieser supranationalen Organisation. Alles hängt am Status als Mitgliedstaat der Union.

Spiegelbildliches gilt für die Verpflichtung durch Sekundärrecht der Union. Die Rechtsakte der Union richten sich an die Mitgliedstaaten (Verordnungen, Richtlinien und Beschlüsse) und an Individuen bzw. juristische Personen (Verordnungen und Beschlüsse), so sehen es die Absätze von Art. 288 AEUV ausdrücklich vor.

Für Drittstaaten, nach dem Brexit also auch das VK, stellen sich organisationsinterne Akte damit als res inter alios acta dar. Eine Verpflichtung durch dieses Recht würde einen Verstoß gegen den pacta tertiis-Grundsatz darstellen.

c) Auslegung des Begriffs „Mitgliedstaat"

Festzuhalten bleibt, dass Art. 127 Abs. 6 DWA bestimmt, dass der Begriff „Mitgliedstaaten" im Unionsrecht das VK umfassen soll. Zwar gilt das DWA nur auf der Ebene zwischen Primär- und Sekundärrecht (Art. 216 AEUV), aber die Auslegung auch des Primärrechts soll durch diese Vorschrift bestimmt werden. Dies ergibt sich aus einem Umkehrschluss von Art. 127 Abs. 7 DWA. Nach dieser Vorschrift sollen die Art. 42 Abs. 6, 46 EUV gerade nicht so ausgelegt werden, als wäre das VK erfasst. Deutlich bestimmt auch Art. 7 Abs. 1 DWA, dass der Begriff „Mitgliedstaaten" in allen anwendbaren unionsrechtlichen Vorschriften so auszulegen sei, dass davon auch das VK erfasst wird. Ausnahmen nach Art. 7 Abs. 1 DWA gelten für die Nominierung, Ernennung oder Wahl von Organen, Einrichtungen und sonstigen Stellen der Union (die englische Originalfassung spricht von „institutions, bodies, offices and agencies") sowie für die Teilnahme an Treffen und Entscheidungsfindung der Organe (lit. a]); für die Teilnahme an Treffen, Entscheidungsfindung und Regierungsführung („governance") der Einrichtungen und sonstigen Stellen der Union (lit. b]); und in Ausschüssen der Kommission[253] sowie in Expertenkommissionen o.ä. (lit. c]).[254]

Daher stellt das VK jeweils kein Mitglied der Organe Parlament, Rat, Kommission, EuGH, Zentralbank und Rechnungshof (Art. 13 Abs. 1 UAbs. 2 EUV). Kein britischer Vertreter nimmt Teil an deren Sitzungen und Entscheidungsfindung. Das DWA nimmt nicht ausdrücklich die Setzung von Sekundärrecht nach Art. 288 Abs. 1 AEUV davon aus. Die Rede müsste von „adoption“ sein, was weder in Art. 7 DWA noch in Art. 127 DWA erwähnt wird.

d) Auswirkung der Auslegung für die Sekundärrechtssetzung

Dennoch nimmt im Ergebnis gerade kein Vertreter des VK an der Sekundärrechtssetzung teil. Dies ergibt sich zum einen daraus, dass Art. 7, 127 Abs. 6 DWA diese Auslegung nicht konstitutiv vornehmen, sondern nur deklaratorisch bestätigen. Dies liegt darin begründet, dass erstens das Primärrecht auf höherer Stufe als das DWA steht. Letzteres hat nur Zwischenrang (Art. 216 Abs. 2 AEUV). Zweitens legen die Mitgliedstaaten das Primärrecht fest, sie sind Herren über die Verträge. Der Union und ihren Organen kommen nur begrenzte Einzelermächtigungen zu. Insb. werden die Kompetenzen der Organe sowie ihre Zusammensetzung vom Primärrecht und damit von den Mitgliedstaaten geregelt. Die Union kann nicht darüber bestimmen, wer in ihren Organen sitzt, noch konkreter: Die Union kann nicht durch den völkerrechtlichen Vertrag DWA bestimmen, dass ein Drittstaat, also das VK, oder dessen Vertreter, in den Organen der Union mitwirken. Dies ist den Mitgliedstaaten vorbehalten. Drittens wird das VK schlicht kein Mitgliedstaat mehr sein, die Verträge finden auf den Staat keine Anwendung mehr (Art. 50 Abs. 3 EUV).

---

253 Nach Art. 3 Abs. 2 der Verordnung (EU) Nr. 182/2011 des Europäischen Parlaments und des Rates vom 16.2.2011 zur Festlegung der allgemeinen Regeln und Grundsätze, nach denen die Mitgliedstaaten die Wahrnehmung der Durchführungsbefugnisse durch die Kommission kontrollieren, ABl. 2011, L-55/13.

254 Weitere Ausnahmen werden in Art. 128 DWA bestimmt.

e) Auswirkung der Auslegung für sekundärrechtliche Verpflichtungen

Dementsprechend richten sich die Sekundärrechtsakte auch nicht an das VK, denn Art. 288 AEUV spricht hier von Mitgliedstaaten und Individuen bzw. juristischen Personen in den Mitgliedstaaten. Grundsätzlich kommt eine Verpflichtung nach dem pacta tertiis-Grundsatz bzw. dem Grundsatz der res inter alios acta nicht in Betracht und würde schlussendlich eine Verletzung der britischen Souveränität nach sich ziehen.

Jedoch erklärt sich das VK im DWA dazu bereit, europäisches Sekundär- und Tertiärrecht auch für sich und im VK gelten zu lassen. Dies ist die Bedeutung des Art. 127 Abs. 1 DWA i. V. m. Art. 2 lit. a) Nr. iii) DWA. Damit ist die britische Souveränität gewahrt, da eine Geltung des Unionsrechts auf dem DWA basiert, den dieser Staat aus freien Stücken angenommen hätte.

Dies gilt namentlich auch für die Umsetzung von Richtlinien. Diese sind vom VK nach Art. 288 Abs. 3 AEUV, der für das VK über Art. 127 Abs. 1 UAbs. 1 DWA anwendbar ist, umzusetzen.

Damit ergibt sich das folgende Bild: Das VK ist bei dem Erlass der Rechtsakte der Union nicht beteiligt und kein Akteur im Rechtssetzungsverfahren. Allerdings dürfen nach Art. 128 Abs. 5 DWA unter bestimmten Umständen und auf Einladung Experten des ehemaligen Mitgliedsstaats in verschiedenen Gremien mitarbeiten. Dennoch ist es nahezu vollumfänglich an solche Rechtsakte gebunden. Juristisch erklärt es sich dadurch, dass das DWA als Abkommen zwischen Union und VK die primärrechtliche Kompetenzordnung und Zusammensetzung der Organe nicht verändern kann, das VK sich aber auf der anderen Seite als souveräner Drittstaat freiwillig dem Recht der Union unterwerfen kann.

Während der Implementierungsphase hätte der EuGH seine aus den Verträgen, insb. aus Art. 19 Abs. 1 EUV; 258 ff. AEUV bekannten Kompetenzen in Bezug auf das VK und natürliche sowie juristische Personen im VK behalten. Dazu gehört auch, dass der EuGH die Unionsrechtskonformität des Handelns der britischen staatlichen Stellen überwachen hätte können.

f) Mirror-Legislation im EWR

Im Rahmen des EWR ist das Sekundärrecht der Union nicht per se auf die EFTA-Mitgliedstaaten des EWR anwendbar. Die Vertragsparteien haben sich vielmehr auf die in Art. 7 EWR-Abkommen zu findende Lösung geeinigt: Sekundäres und tertiäres Unionsrecht ist von den EFTA-Staaten in innerstaatliches Recht umzusetzen. Verordnungen werden als solche in das innerstaatliche Recht überführt, während Richtlinien den Vertragsparteien die Wahl von Form und Mittel zur Durchführung überlassen. Jedoch werden nicht alle Rechtsakte der Union so behandelt. Umzusetzen sind nur die Rechtsakte, die entweder in den Anhängen zu EWR-Abkommen enthalten sind oder auf die in den Entscheidungen des Gemeinsamen EWR-Ausschusses Bezug genommen wird.

Das Verfahren stellt sich wie folgt dar: Die Kommission holt zu Beginn des Rechtssetzungsprozesses frühzeitig den Rat von Sachverständigen der EFTA-Staaten ein, nämlich sobald sie neue Rechtsvorschriften ausarbeitet, die in den Bereich des EWR fallen (Art. 99 Abs. 1 EWR-Abkommen). Den EFTA-Staaten werden dann keine harten Mitwirkungsrechte beim „decision-making" zugestanden, sie wirken jedoch an der Entscheidungsfindung („decision-shaping") mit.[255] Der Konsultationsprozess zwischen der Union und den EFTA-Staaten wird geführt und kommt dann nach Annahme des Rechtsaktes innerhalb der Union zum Abschluss: Denn dann soll der Gemeinsame EWR-Ausschuss die Anhänge des EWR-Abkommen dementsprechend ändern (Art. 102 Abs. 1 EWR-Abkommen). Tut er dies innerhalb einer angemessenen Frist nicht, so werden die davon betroffenen Teile des Abkommens vorläufig außer Kraft gesetzt (Art. 102 Abs. 5 EWR-Abkommen).

Dieses Verfahren ist als Mirror-Legislation bezeichnet worden.[256] Es sichert die Souveränität und Autonomie sowohl der Union als auch der EFTA-Staaten im EWR. Die Union ist nicht daran gehindert, neue Rechtsvorschriften zu erlassen, und die EFTA-Staaten sind nicht gezwungen, die Rechtsvorschriften zu übernehmen. Auf diese Weise wird auch die praktische Wirksamkeit des Unionsrechts gewahrt, sowie ermöglicht, das im EWR anwendbare Recht dynamisch fortzuentwickeln.

---

255 *Graver*, § 19 Der Europäische Wirtschaftsraum (EWR), in: Hatje/Müller-Graff (Hrsg.), Enzyklopädie Europarecht I – Europäisches Organisations- und Verfassungsrecht, 2014, Rn. 38; *Hummer*, K. III Sonderbeziehungen EG-EFTA, in: Dauses/Ludwigs (Hrsg.), Handbuch des EU-Wirtschaftsrechts, 6. Lfg., Rn. 202.

256 *Baudenbacher*, Columbia Journal of European Law 3 (1996/1997), 169 (176); *Schroeter/Nemeczek*, "Brexit", aber "rEEAmain"? Die Auswirkungen des EU-Austritts auf die EWR-Mitgliedschaft des Vereinigten Königreichs, JuristenZeitung 2017, 713 (714).

5. Warenverkehrsfreiheit und Zollrecht nach dem DWA

a) Vor dem Ablauf der Implementierungsphase

i. Grundsatz

Vor dem Ende der Implementierungsphase wird das Unionsrecht weiter angewandt (Art. 127 Abs. 1 DWA). Dies gilt auch für die Grundfreiheiten des AEUV. So bleiben die Warenverkehrsfreiheit, die übrigen Grundfreiheiten und das gemeinsame Zollrecht anwendbar. Der gemeinsame Binnenmarkt bleibt damit bis zum Jahresende 2020 bestehen. Der Verweis des Art. 127 Abs. 1 DWA erfasst auch das Sekundärrecht, das die Warenverkehrsfreiheit und das Zollrecht konkretisiert. Erfasst ist auch Art. 114 AEUV, wonach die EU die Kompetenz zur Rechtsangleichung im Binnenmarkt behält. Rechtsakte, die aufgrund dieser Vorschrift erlassen werden, müssen vom VK während der Implementierungsphase angewandt werden.

ii. Gemeinsame Handelspolitik

Insbesondere die Gemeinsame Handelspolitik ist weiterhin als Ergänzung zum Binnenmarkt anwendbar. Allerdings versucht das DWA hier, einen Ausgleich zwischen den Interessen der Union und des VK zu schaffen.

Auf der einen Seite verpflichtet sich das VK für die Dauer der Implementierungsphase, die von der Union geschlossenen völkerrechtlichen Verträge weiter anzuwenden (Art. 129 Abs. 1 DWA). Dabei wirkt dieser Staat in den Beziehungen zu den Vertragspartnern nicht mit, es sei denn, er ist eigenständiger Vertragspartner in gemischten Abkommen oder wird von der EU dazu eingeladen (Art. 129 Abs. 2 DWA). Im Einklang mit dem Prinzip der loyalen Zusammenarbeit verpflichtet sich das VK weiterhin, in solchen Kontexten nicht gegen die unionalen Interessen zu handeln. Die Verpflichtung ist weitgehend, denn es ist ausreichend, dass das Handeln des VK möglicherweise („likely") den Interessen der Union abträglich ist.

Auf der anderen Seite darf das VK schon während der Implementierungsphase mit anderen Staaten oder internationalen Organisationen Verträge aushandeln, unterschreiben und sogar ratifizieren, auch wenn diese in die ausschließliche Zuständigkeit der Union fallen. Namentlich ist dies für (Frei-)Handelsabkommen von Bedeutung. Allerdings dürfen diese Abkommen ohne Zustimmung der Union während der Implementierungsphase weder vorläufig angewandt werden noch in Kraft treten.

Wer hier für die Union die Zustimmung erteilt, sieht das DWA nicht vor. Angesichts der Bedeutung dieser Vorschrift ist dies verwunderlich. Man bedenke, dass die Union sich hier herausnimmt, über die Anwendbarkeit von Verträgen eines Drittstaats zu urteilen. Angesichts der Vielzahl von EU-Institutionen ist es auch alles andere als offensichtlich, wer dies machen soll.

Diese Frage soll beantwortet werden. Zu beachten ist, dass dies für Abkommen gilt, welche in die ausschließliche Zuständigkeit der Union fallen. Die Vorschrift soll die Interessen der Union gegenüber ihrem ehemaligen Mitgliedstaat und jetzigen Drittstaat wahren. Die Kommission ist dafür die richtige Ansprechpartnerin, wie es Art. 17 Abs. 1 S. 1, 6 AEUV vorsehen: Sie „fördert die allgemeinen Interessen der Union" und nimmt die Außenvertretung der Union wahr. Sie ist die „Herrin" [257] oder „Hüterin der Verträge".[258] Damit entscheidet die Kommission darüber, ob Verträge des VK in der Implementierungsphase angewandt werden dürfen, oder nicht.

iii. Zuständigkeit des EuGH

Zu betonen ist, dass auch der EuGH weiter zuständig bleibt. Ausdrücklich sieht Art. 131 Abs. 1 S. 2 DWA vor, dass natürliche und juristische Personen im VK sich an den EuGH wenden können. Im Übrigen bestehen auch keine Ausnahmen von den Verfahren, die zum EuGH erhoben werden können.

iv. WTO-Recht

Damit bliebe das VK bis Ende 2020 de facto und de jure Mitglied des gemeinsamen Binnenmarktes, freilich ohne die Mitwirkungsrechte des Vertrages. Damit bleibt das VK auch von der Ausnahme des Art. XXIV:5 GATT erfasst und kann in Bezug auf den Handel mit EU-Staaten Ausnahmen von welthandelsrechtlichen Grundsätzen machen, namentlich dem Meistbegünstigungsprinzip des Art. I:1 GATT.[259]

---

257 *Haratsch/Koenig/Pechstein*, Europarecht, 11. Aufl. 2018, Rn. 294.

258 *Haltern*, Europarecht Bd. I, 3. Aufl. 2017, Rn. 485.

259 Detailliert *Herrmann*, Brexit, WTO und EU-Handelspolitik, EuZW 2017, 961 (962 ff.).

b) Nach dem Ablauf der Implementierungsphase

Erst nach dem Ablauf der Implementierungsphase stellte sich die Frage, was mit der Warenverkehrsfreiheit geschieht. Dem VK war beim Brexit daran gelegen, einen Großteil des Binnenmarktes abzuschaffen. Der Warenhandel war davon nicht in Gänze betroffen.[260] Der durch die Verhandlungen erreichte Kompromiss sieht mit den Art. 40–50 DWA Vorschriften vor, die nach dem Ende der Implementierungsphase (Art. 185 Abs. 3 DWA) angewandt werden sollten und Übergangsregelungen zur Warenverkehrsfreiheit und dem Zollrecht treffen. Diese Regelungen sind technischer Natur. Sie definieren den Anwendungsbereich der Vorschriften für solche Waren, die vor dem Ende der Implementierungsphase auf den Markt der Union oder des VK gebracht wurden (Art. 41 Abs. 1 DWA). Im Grundsatz dürfen diese Waren weiter auf dem Markt bleiben, bis sie ihren Endverbraucher erreicht haben, auch wenn sie dafür von der Union in das VK oder aus dem VK in die Union zirkuliert werden. Den Rechtsrahmen für die erfassten Waren bilden die Art. 34 f. AEUV und das einschlägige Sekundärrecht mit dem Stand 31. Dezember 2020 (Art. 6 Abs. 1 DWA), inklusive den Vorschriften über Merkmale für ein Erzeugnis, wie Qualitätsstufen, Gebrauchstauglichkeit, Sicherheit oder Abmessungen, einschließlich der Zusammensetzung dieser Güter oder der Terminologie, Symbole, Prüfungen und Prüfverfahren, Verpackung, Kennzeichnung und Beschriftung des Erzeugnisses sowie über Konformitätsbewertungsverfahren, sowie die Herstellungsmethoden und -verfahren für Erzeugnisse, sofern sie die Merkmale dieser Erzeugnisse beeinflussen. Ausgenommen von der Privilegierung des DWA sind aufgezählte Agrarwaren (Art. 41 Abs. 3 DWA).

Das DWA regelt damit nur solche Waren, die sich am Ende der Implementierungsphase schon auf dem Markt befinden. Erfasst sind also noch nicht abgeschlossene Geschäfte. Für Waren, die erst ab dem 1. Januar 2021 auf den Markt gebracht werden, gilt das DWA nicht. Es sieht keine Vorschriften dafür vor. Dementsprechend richtet sich der Warenverkehr mit Großbritannien nach welthandelsrechtlichen Maßstäben. Für Nordirland besteht mit dem NIP eine Sonderregel.

---

260 *VK-Premierministerin*, The United Kingdom's exit from and new partnership with the European Union, Februar 2017, S. 35.

c) Welthandelsrecht für den Warenverkehr mit Großbritannien

Für den Warenverkehr nach Großbritannien, also nach England, Schottland und Wales, sieht das DWA keine Lösung vor. Hier fallen die EU und das VK auf den gemeinsamen Standard des Welthandelsrechts zurück. Da sowohl die EU und ihre Mitgliedstaaten als auch das VK Mitglieder der WTO sind und bleiben, gelten die multilateralen Abkommen im Rahmen der WTO weiter. Namentlich bedeutet dies vor allem eine Geltung des GATT und den Prinzipien der Meistbegünstigung (Art. I:1 GATT), der Inländergleichbehandlung (Art. III GATT) sowie des Prinzips der „tariffs only" (Art. XI:1 GATT), wonach nichttariffäre Handelshemmnisse grundsätzlich verboten sind.

6. *Warenverkehrsfreiheit und Zollrecht nach dem NIP*

a) Problemstellung

Sind die Grundfreiheiten und das konkretisierende Sekundärrecht während der Implementierungsphase durch das DWA anwendbar gemacht, stellt sich noch die politische Hürde der irischen Insel. Die „innerirische" Grenze stellt für die Anwendung des Welthandelsrechts eine denkbar große Herausforderung dar.

Denn auf der einen Seite will das VK gerade handelspolitische Unabhängigkeit erreichen. Dazu gehört, den innerbritischen Markt nach außen hin abzuschotten, nur nach Londoner Vorstellungen zu öffnen und nicht nach Brüsseler Vorstellungen auszurichten. Praktisch notwendig wird damit eigentlich eine Schließung der Außengrenzen: Denn wenn britische Behörden den Zugang zum britischen Markt nicht kontrollieren, bringen nationale Regelungen nichts. Aufgrund der geographischen Gegebenheiten ist dies nur für die „innerirische" Grenze bedeutsam. Die Kontrolle der See- und Lufttransporte in Großbritannien und in Nordirland ist eher einfach. Die Landgrenze zu Irland könnte Einfallstor für Waren sein. Ebenso hat die EU ein Interesse daran, den Binnenmarkt zu schützen. Eine Öffnung nach Nordirland und damit nach Großbritannien gefährdet die praktische Wirksamkeit des Binnenmarkts: Vielleicht würden über die grüne Grenze Waren eingeführt, die zu verzollen gewesen wären oder die aufgrund mangelnder Qualitäts- und Sicherheitsstandards gar nicht in der EU vertrieben werden dürften. Für das Funktionieren sowohl vom EU-Binnenmarkt als auch vom innerbritischen Markt und der außenwirtschaftlichen Eigenständigkeit des VK ist eine Schließung der Grenze eigentlich unvermeidlich.

Auf der anderen Seite soll die Schließung der Landgrenze zur Republik Irland dringend vermieden werden. Schon die erwähnte CTA ist mit einer geschlossenen Grenze nur schwer zu vereinbaren. Auch ein Wiederaufflammen des nordirischen Konfliktes wird befürchtet:[261] Innerhalb Nordirlands haben 85% der Katholiken und nur 40% der Protestanten gegen den Brexit gestimmt.[262] In ihrem Yellowhammer-Szenario geht die britische Regierung von einem Wiederaufflammen der Gewalt aus.[263] Die Volkswirtschaften von Irland und dem VK und insb. Nordirland sind inzwischen extrem verflochten. Ein bekannter Sahnelikör, Baileys, wird gemeinsam sowohl in der Republik Irland als auch in Nordirland produziert.[264]

Die Vertragsparteien müssen mit der Grenze auf der irischen Insel die Quadratur des Kreises erreichen. Dieser Herausforderung begegneten sie im ersten Anlauf mit dem Backstop des NIP. Diese Lösung war im VK vor allem wegen der Dauer politisch umstritten und hat zum mehrmaligen Scheitern des ersten Vertragsentwurfs geführt. Daher wollten beide Vertragsparteien versuchen, die Anwendung des NIP zu vermeiden, weil sie davon ausgegangen waren, bis Ende der Implementierungsphase eine bessere Lösung zu finden. Sie waren außerdem der Auffassung, dass das Protokoll nur eine Übergangslösung darstellt. Damit sollte die einzigartige Lage auf der britischen Insel angegangen, die Nord-Süd-Kooperation weitergeführt und eine harte Grenze vermieden werden (Art. 1 Abs. 3 NIP).

Erst im Oktober 2019 wurde eine Lösung gefunden, die sowohl auf den Backstop als auch die Zollunion zwischen EU und VK verzichtet.

---

261 BBC, Brexit could 're-ignite conflict' in Northern Ireland, https://www.bbc.com/news/uk-northern-ireland-45513462, 14.9.2018.

262 https://brexitlawni.org/themes/brexit-ni-peace-process/.

263 *Regierung des VK*, Operation Yellowhammer, Rn. 18. Erhältlich unter https://assets.publishing.service.gov.uk/government/uploads/system/uploads/attachment_data/file/831199/20190802_Latest_Yellowhammer_Planning_assumptions_CDL.pdf.

264 *Schulz*, Hauptsache keine echte Grenze, Zeit Online 29.11.2017, https://www.zeit.de/wirtschaft/2017-11/brexit-grossbritannien-irland-eu-aussengrenze-baileys/komplettansicht. Die Webseite des Produzenten spricht wiederholt von der Verwendung von Zutaten aus „ganz Irland", https://www.baileys.com/de-de/history.html.

b) Einheitliches Zollgebiet

i. Anwendungsbereich und Verbote nach dem NIP a.F.

Der erste Entwurf des NIP etablierte zwischen der Union und dem VK ein einheitliches Zollgebiet („single customs territory“), das sich aus den jeweiligen Zollgebieten des VK[265] sowie der Union[266] zusammensetzen sollte (Art. 6 Abs. 1 UAbs. 2 NIP a.F.). Diese Zollunion sollte grundsätzlich den gesamten Handel umfassen, mit der Ausnahme der in Verordnung 1379/2013[267] definierten Produkte der Fischerei und Aquakultur (Art. 6 Abs. 1 UAbs. 5 NIP).

Das einheitliche Zollgebiet betraf Waren, die aus der Union oder dem VK stammen, und Waren, die aus Drittländern stammen, sich in den Mitgliedstaaten oder dem VK im freien Verkehr befinden (Art. 1 Abs. 1 lit. a] b] NIP a.F. Annex 2 i. V. m. Art. 28 Abs. 2; 29 AEUV). Für solche Waren gilt ein Verbot von Ein- oder Ausfuhrzöllen sowie Abgaben gleicher Wirkung (Art. 2 Abs. 1 NIP a.F. Annex 2 i. V. m. Art. 30 AEUV). Nach der Rechtsprechung des EuGH wären damit bei der Einfuhr oder später erhobene, einseitig auferlegte Belastungen erfasst, die, unabhängig von ihrer Bezeichnung und von der Art ihrer Erhebung, „dadurch, dass sie speziell die aus einem Mitgliedstaat eingeführten Waren, nicht aber gleichartige einheimische Waren trifft, jene Waren verteuert und damit die gleiche Auswirkung auf den freien Warenverkehr hat wie ein Zoll.“[268]

Auch Gebühren dürften nach Art. 2 Abs. 1 UAbs. 2 NIP a.F. Annex 2 nicht erhoben werden, wenn sie zollgleiche Wirkung haben. Der EuGH hat dazu entschieden, dass eine finanzielle Belastung nicht unter das Verbot fällt, „wenn sie Teil einer allgemeinen inländischen Gebührenregelung ist, die systematisch sämtliche inländischen und eingeführten Waren nach gleichen Kriterien erfasst, wenn sie ein der Höhe nach angemessenes Entgelt für einem dem Wirtschaftsteilnehmer tatsächlich und individuell geleisteten Dienst darstellt oder aber – unter bestimmten Voraussetzungen –, wenn sie wegen Kontrollen erhoben wird, die zur Erfüllung von Verpflich-

265 Das Vereinigte Königreich sowie die Kanalinseln und die Insel Man.

266 Das Zollgebiet der Union wird in Art. 4 Verordnung 952/2013 definiert.

267 Verordnung (EU) Nr. 1379/2013 des Europäischen Parlaments und des Rates vom 11.12.2013 über die gemeinsame Marktorganisation für Erzeugnisse der Fischerei und der Aquakultur, zur Änderung der Verordnungen (EG) Nr. 1184/2006 und (EG) Nr. 1224/2009 des Rates und zur Aufhebung der Verordnung (EG) Nr. 104/2000 des Rates, ABl. 2013, L-354/1.

268 EuGH, verb. Rs. 2/63, 3/62, Slg. 1962, 867 (882) – *Lebkuchenabgabe*.

tungen aus dem Gemeinschaftsrecht durchgeführt werden."[269] Dieses Prinzip der Kostendeckung nahm Art. 2 Abs. 1 UAbs. 2 S. 2 NIP a.F. Annex 2 wieder auf und statuierte, welche Gebühren zulässig sein sollten. Auch hier hält sich die Regelung im Bereich der Rechtsprechung des EuGH.

Während die Zollunion mit einem gemeinsamen Außenzoll für das gesamte VK gelten sollte, schuf das NIP a.F. damit Sonderregelungen für den Handel zwischen Nordirland und der Union. In diesem Verhältnis hätten nämlich das Verbot von Zöllen und Abgaben gleicher Wirkung (Art. 30 AEUV) sowie das Diskriminierungs- und Protektionsverbot aus Art. 110 AEUV gelten sollen (Art. 6 Abs. 2 UAbs. 3 NIP a.F.). Auch quantitative Beschränkungen des Handels zwischen Nordirland und der Union wären verboten gewesen (Art. 6 Abs. 2 UAbs. 3 NIP a.F.). Dabei ist auffällig, dass hier nur die Rede von mengenmäßigen Beschränkungen ist. In der Zollunion der EU mit der Türkei[270] besteht gemäß Art. 5 f. Assoziationsratsbeschluss EG-Türkei 1/95 zusätzlich noch das Verbot von Maßnahmen gleicher Wirkung. Für Importe aus der Union hätte über Art. 8 Abs. 1 NIP a.F. die Warenverkehrsfreiheit gelten sollen – erstaunlicherweise aber nicht die Reglung des Art. 35 AEUV, der die Ausfuhr aus Nordirland in die Union regelt. Dies ergibt sich nicht nur aus dem Wortlaut des Art. 8 Abs. 1 NIP a.F., sondern auch aus dem Vergleich mit Art. 2 Abs. 7 Zypernprotokoll, der ausdrücklich auf Art. 34, 36 und eben 35 AEUV verweist. Damit etablierte das NIP a.F. eine Art Freihandelszone zwischen der Union und Nordirland, bei der der Aspekt des Handels von Nordirland in die Union nicht voll liberalisiert ist, sondern nur in Bezug auf Zölle, zollgleiche Abgaben und quantitative Beschränkungen. Gleichzeitig hielt das NIP a.F. fest, dass der freie Warenverkehr zwischen Nordirland und dem Rest des VK – und damit der innerbritische Markt – nicht eingeschränkt werden soll (Art. 7 Abs. 1 NIP a.F.). Allerdings hätte dies nur in diese Richtung gelten sollen. Der Warenverkehr aus der Union nach Nordirland wird stillschweigend unter den Tisch fallen gelassen, sowohl im NIP a.F. als auch in der ursprünglichen politischen Erklärung findet sich kein Wort zu diesem Handelsstrom. Auch hier ergibt der Vergleich mit der türkisch-unionalen Zollunion, dass dort ein höherer Grad an Liberalisierung herrscht (Art. 5 f. Assoziationsratsbeschluss EG-Türkei 1/95).

---

269 EuGH, Rs. C-130/93, Rn. 14 – *Lamaire*; EuGH, Rs. 39/82, Rn. 7 – *Donner*.

270 Beschluss 1/95 des Assoziationsrates EG-Türkei vom 22.12.1995 über die Durchführung der Zollunion, 96/142/EG, ABl. EG 1996, L-35/1.

ii. Anwendungsbereich und Verbote nach dem NIP n.F.

Das einheitliche Zollgebiet zwischen EU und VK existiert nach dem nunmehr geltenden DWA nicht mehr. Vielmehr bleiben beide Vertragspartner unabhängige Zollgebiete, insbesondere bleibt Nordirland Teil des britischen Zollgebiets (vgl. Art. 4 NIP). Damit bleibt es dem Vereinigten Königreich unbenommen, Zollabkommen mit anderen Staaten zu schließen, die sich auch auf Nordirland erstrecken können (Art. 4 Abs. 2 NIP). Konsequenterweise werden keine Zölle auf den Handeln zwischen Großbritannien und Nordirland erhoben (Art. 5 Abs. 1 NIP).

Damit stellt sich nun das Problem, dass die Grenze zwischen dem Zollgebiet der EU auf der einen und dem Zollgebiet des VK auf der anderen Seite offen ist und der Warenverkehr nicht kontrolliert werden soll. Die de jure Grenze soll nicht durchgesetzt werden, so dass beide Zollgebiete sind in ihrer Integrität gefährdet wären. Die Vertragsparteien lösen es, indem die Zollgrenze de facto in die irische See gelegt wird. Wenn nämlich Waren aus Großbritannien nach Nordirland gebracht werden, bei denen die Gefahr besteht, dass sie weiter in die EU transportiert werden, werden Zölle der EU durch britische Behörden erhoben (Art. 5 NIP). Gleiches gilt für Waren aus Drittstaaten, die nach Nordirland gebracht werden und bei denen das Risiko des Weitertransports in die EU besteht. Die Zölle selbst werden nicht an die EU weitergeleitet (Art. 5 Abs. 6 NIP).[271]

Art. 5 Abs. 2 UAbs. 1 NIP bestimmt zunächst, dass ein solches Risiko vorliegt, wenn es in Nordirland nicht zu einer wirtschaftlichen Bearbeitung kommt (lit. a) und noch aufzustellende Kriterien des Gemeinsamen Ausschusses erfüllt sind (lit. b). Der Gemeinsame Ausschuss soll dabei berücksichtigen, was Endziel und Verwendungszweck, Beschaffenheit und Wert eines Produktes ist, sowie welcher Art des Transports vorliegt und worin der Anreiz der Weiterleitung besteht (Art. 5 Abs. 2 UAbs. 4 NIP)

Zur Wahrung des „level-playing fields“, also um gleiche und faire Wettbewerbsbedingungen für alle Marktteilnehmer sicherzustellen, werden einige näher bezeichnete Regelungen des Wettbewerbsrechts anwendbar gemacht (Art. 10 NIP i. V. m. Annex 5 NIP). Auch andere Vorschriften des

---

271 Vgl. Explainer for the new Ireland/Northern Ireland Protocol and the Political Declaration on the Future Relationship, 18.10.2019, Rn. 24, erhältlich unter https://assets.publishing.service.gov.uk/government/uploads/system/uploads/attachment_data/file/840653/EXPLAINER_FOR_THE_NEW_IRELAND_NORTHERN_IRELAND_PROTOCOL_AND_THE_POLITICAL_DECLARATION_ON_THE_FUTURE_RELATIONSHIP.pdf.

Unionsrechts zur Regulierung des Handels sind in Nordirland anwendbar (Art. 5 Abs. 4 NIP i. V. m. Annex 2 NIP; Art. 6 Abs. 2 UAbs. 2 NIP a.F. i. V. m. Annex 5 NIP a.F.).

Zu erwähnen ist, dass die Vertragsparteien davon ausgehen, bis zur Anwendung des NIP ein Freihandelsabkommen abgeschlossen zu haben. Die Regelungen des NIP sind daher aus dieser Perspektive zu betrachten.

iii. Anwendbares Recht

Das Zollrecht der Union ist äußerst umfassend. Über Art. 5 Abs. 3 NIP (Art. 6 Abs. 2 NIP a.F.) machen die Vertragsparteien die Regelungen des Unionsrechts in Nordirland anwendbar, die im Annex 2 aufgeführt sind. Allen voran wird damit der Zollkodex[272] der Union anwendbar. Auch die in Art. 5 Nr. 2 Zollkodex aufgezählten Rechtsakte gelten dabei für Nordirland Art. 6 Abs. 4 NIP (Art. 6 Abs. 2 NIP a.F.). Erfasst sind damit nicht nur der Zollkodex selbst und die Ergänzungs- bzw. Durchführungsrechtsakte, sondern auch der Gemeinsame Zolltarif[273], die Rechtsvorschriften über die Zollbefreiungen und internationale Übereinkünfte. Dazu kommen mehr als 30 von der Union erlassene Rechtsakte im Bereich des Zollrechts[274] und fast 250 Rechtsakte im Bereich des harmonisierten Warenverkehrs.[275]

iv. Anwendung durch das VK als Drittstaat (1) – Bestehende Abkommen

Das NIP bestimmt, dass das Unionsrecht in Nordirland durch britische Behörden durchgeführt wird (Art. 12 Abs. 1 NIP). Dies entspricht auch dem Grundsatz des mitgliedstaatlichen Vollzugs des Unionsrechts (Art. 291 Abs. 1 AEUV),[276] der auch im Zollverwaltungsrecht der Union gilt (vgl.

---

272 Verordnung (EU) Nr. 952/2013 des Europäischen Parlaments und des Rates vom 9.10.2013 zur Festlegung des Zollkodex der Union, ABl. 2013, L-269/1.

273 Verordnung (EWG) Nr. 2658/87 des Rates vom 23.7.1987 über die zolltarifliche und statistische Nomenklatur sowie den Gemeinsamen Zolltarif, Abl. EG 1987, L-256/1.

274 Aufzählung in Nr. 1–7 NIP Annex 2.

275 Aufzählung in Nr. 8–47 NIP Annex 2.

276 Grundlegend schon EuGH, verb. Rs. 205–215/82, Rn. 17 – *Deutsche Milchkontor. Haratsch/Koenig/Pechstein*, Europarecht, 11. Aufl. 2018, Rn. 460; *Oppermann/ Classen/Nettesheim*, Europarecht, 8. Aufl. 2018, § 12 Rn. 7 ff.; *Stettner*, B. III Ver-

Art. 5 Nr. 1 Zollkodex).[277] Damit sind britische Behörden im Zollverfahren zuständig, insbesondere für die Anwendung des Zollkodex in Nordirland. Damit wenden Behörden eines Drittstaats Unionsrecht an. Diese Konstellation muss unionsrechtlich analysiert werden.

In Bezug auf drei europäische Zwergstaaten, namentlich Andorra, San Marino und Monaco, scheint diese Konstellation bereits zu bestehen. Die damalige EWG und Andorra haben bereits in den frühen 1990er Jahren eine Zollunion gegründet.[278] Vorschriften über die Anwendung von Gemeinschaftsrecht finden sich dort allerdings nicht. Die EG und San Marino haben 2002 eine Zollunion gegründet. In dem entsprechenden Vertrag werden die Behörden von San Marino dazu verpflichtet, bestimmte Rechtsakte der Gemeinschaft anzuwenden (Art. 7 Abs. 1 Abkommen EG-San Marino[279]). Monaco ist aufgrund eines Vertrages mit Frankreich Teil der EU-Zollunion (Art. 4 Abs. 2 lit. a] Zollkodex). Die monegassischen Behörden ergreifen alle erforderlichen Maßnahmen, um bestimmte Rechtsakte der Gemeinschaft in Monaco anzuwenden (Art. 2 Abs. 1 Abkommen EG-Monaco[280]). Der Staat Monaco hat sich vertraglich dazu verpflichtet, das konkrete Unionsrecht anzuwenden. Der EuGH ist als Streitbeilegungsinstanz nicht vorgesehen. Vielmehr sollen Probleme im Gemeinsamen Ausschuss angesprochen werden. Wird dort keine Lösung gefunden, wird das Abkommen ausgesetzt (Art. 4 Abkommen EG-Monaco). Das Problem der einheitlichen Anwendung und Auslegung gerade auch im Lichte der Rechtsprechung des EuGH sehen die Vertragsparteien. Sie einigen sich daher darauf, dass die monegassischen Behörden auf die besonderen Verwaltungsbeziehungen zurückzugreifen, die sie mit Frankreich unterhalten (Art. 2 Abs. 2 Abkommen EG-Monaco). Allen drei Abkommen ist gemein, dass die betroffenen Zwergstaaten privilegierte Beziehungen zu ihren Nachbarländern unterhalten. Dies gilt insbesondere für Monaco und San

---

waltungsvollzug, in: Dauses/Ludwigs (Hrsg.), Handbuch des EU-Wirtschaftsrechts, 39. Lfg. (2016), Rn. 9.

277 *Herrmann/Niestedt*, 10. Einleitung zum EU-Außenwirtschafts- und Zollrecht, in: Krenzler/Herrmann/Niestadt (Hrsg.), EU-Außenwirtschafts- und Zollrecht, Rn. 26.

278 Abkommen in Form eines Briefwechsels zwischen der Europäischen Wirtschaftsgemeinschaft und dem Fürstentum Andorra, ABl. EWG 1990, L-374/16.

279 Abkommen über die Zusammenarbeit und eine Zollunion zwischen der Europäischen Wirtschaftsgemeinschaft und der Republik San Marino, ABl. EG 2002, L-84/43.

280 Abkommen zwischen der Europäischen Gemeinschaft und dem Fürstentum Monaco über die Anwendung bestimmter Rechtsakte der Gemeinschaft auf dem Gebiet des Fürstentums Monaco, ABl. EG 2003, L-332/42.

Marino, die jeweils nur von einem Staat umgeben sind. Die Behörden der Staaten kooperieren bereits seit längerem miteinander und so ist deren Situation nicht mit der einer großen Volkswirtschaft oder eines großen Staates mit einer entsprechenden Infrastruktur vergleichbar.

Die bereits erwähnte Zollunion zwischen der Union und der Türkei funktioniert etwas anders. Gemäß Art. 12 Abs. 1 Assoziationsratsbeschluss EG-Türkei 1/95 wendet die Türkei gegenüber Drittländern Vorschriften und Durchführungsmaßnahmen an, die im Wesentlichen den später aufgelisteten Rechtsakten der Gemeinschaft entsprechen. Damit wendet die Türkei nicht das Unionsrecht, sondern das Assoziationsrecht an. Ähnlich passiert dies im EWR. Hier wenden die drei EFTA-Staaten nicht Unionsrecht an, sondern das nach Art. 102 EWR-Abkommen „umgesetzte Unionsrecht".[281] Gleiches gilt für den vierten EFTA-Staat, also die Schweiz. Die Schweiz vollzieht im Rahmen der Vertragsbeziehungen zur EU das Unionsrecht autonom nach. Das heißt, sie ist frei, ihr nationales Recht an europäische „Vorgaben" anzupassen.[282]

Andere Konstellationen, in denen außerhalb der Union Unionsrecht angewandt wird, finden sich in mindestens noch zwei anderen Bereichen. Im Bereich des harmonisierten Warenverkehrs können Waren, die aus Drittstaaten stammen, aber die unionsrechtlichen Bedingungen erfüllen (Produktions- oder Sicherheitsstandards), den Statuswechsel zur Unionsware vollziehen (Art. 29 AEUV). Hier wenden aber Private aus freien Stücken Unionsrecht an, um schneller in den Genuss von Vorteilen des Binnenmarktes zu kommen. Zum anderen erstreckt sich der räumliche Anwendungsbereich der Datenschutz-Grundverordnung (DSGVO[283]) auch auf die Daten von Personen innerhalb der EU, selbst wenn die Verarbeitung außerhalb der EU vonstattengeht, wenn die Verantwortlichen Waren oder Dienstleistungen entgeltlich oder unentgeltlich in der Union anbieten (Art. 3 Abs. 2 lit. a] DSGVO). Dieses Marktortprinzip[284] schafft damit die

281 Vgl. *Hummer*, K. III Sonderbeziehungen EG-EFTA, in: Dauses/Ludwigs (Hrsg.), Handbuch des EU-Wirtschaftsrechts, 6. Lfg., Rn. 195 ff.

282 *Hahn*, Brexit und Drittstaaten: Das Beispiel Schweiz, ZEuS 2017, 431 (437 f.); *Bieber/Epiney/Haag/Kotzur*, Die Europäische Union, 13. Aufl. 2019, § 39 Rn. 17.

283 Verordnung (EU) 2016/679 des Europäischen Parlaments und des Rates vom 27.4.2016 zum Schutz natürlicher Personen bei der Verarbeitung personenbezogener Daten, zum freien Datenverkehr und zur Aufhebung der Richtlinie 95/46/EG (Text von Bedeutung für den EWR), ABl. 2016, L 119/1.

284 *Schantz*, Die Datenschutz-Grundverordnung – Beginn einer neuen Zeitrechnung im Datenschutzrecht, NJW 2016, 1841 (1842); *Schantz/Wolff*, Das neue Datenschutzrecht, 2017, Rn. 332.

Grundlage für eine extraterritoriale Anwendung des sekundären Unionsrechts durch Angehörige von Nicht-EU-Staaten und sogar von Behörden von Nicht-EU-Staaten.[285] Dass sich die datenschutzrechtlichen Verpflichtungen der DSGVO im Ausland nicht durchsetzen lassen, hindert das Bestehen der Pflicht nicht.[286] Allerdings ist diese Konstellation ebenfalls nicht mit dem Fremdvollzug zu verwechseln. Denn während sich dort Staaten freiwillig zum Vollzug des Unionsrechts verpflichten, verlangt die EU von Dritten, sei es privat, sei es staatlich, die Anwendung des Unionsrechts. Eine Grundlage aus Sicht der Dritten besteht dafür nicht, auch wenn die Union sich das Recht anmaßt, Sanktionen zu verhängen.

v. Anwendung durch das VK als Drittstaat (2) – Unionsrechtliche Zulässigkeit

Mit dem NIP besteht nun die Lage, dass ein Drittstaat Unionsrecht anwendet. Es stellt sich die Frage, ob eben jene Anwendung von Unionsrecht durch einen Drittstaat unionsrechtlich möglich ist.[287] Es handelt sich dabei weder um einen Fall des indirekten Vollzugs, bei dem mitgliedstaatliche Behörden das Unionsrecht unmittelbar oder nationales Umsetzungsrecht zum Unionsrecht anwenden,[288] noch um direkten Vollzug, bei dem Organe der Union selbst unionsintern oder unionsextern das Unionsrecht vollziehen.[289] Wenn ein Drittstaat Unionsrecht vollzieht, lässt sich wohl besser vom Drittstaatsvollzug oder prägnanter vom Außen- oder Fremdvollzug sprechen.

Rein handwerklich stellt dies kein Problem dar. Das Zollrecht der Union mag eine komplexe Rechtsmaterie sein, es ist aber Recht wie jedes andere auch. Behörden, die Recht anwenden, können im Grundsatz auch Unionsrecht anwenden. Dies gilt insbesondere für britische Behörden, die in den letzten 45 Jahren genau dies getan haben.

Dennoch stellen sich unionsrechtliche Fragen. Schon die geläufige Teilung zwischen indirektem und direktem Vollzug des Unionsrechts gefähr-

---

285 *Piltz*, in: Gola (Hrsg.), DSG-VO, 2. Aufl. 2018, Art. 3 Rn. 26.

286 *Piltz*, in: Gola (Hrsg.), DSG-VO, 2. Aufl. 2018, Art. 3 Rn. 27.

287 Zum umgedrehten Problem *Peuker*, Die Anwendung nationaler Rechtsvorschriften durch Unionsorgane, JuristenZeitung 2014, 764 ff.

288 *Haratsch/Koenig/Pechstein*, Europarecht, 11. Aufl. 2018, Rn. 470.

289 *Haratsch/Koenig/Pechstein*, Europarecht, 11. Aufl. 2018, Rn. 471; *Frenz*, Kapitel 11 Vollzug des Europarechts, § 1 Mitgliedstaatlicher Vollzug, in: ders., Handbuch Europarecht 5: Wirkungen und Rechtsschutz, 2010, Rn. 1759 f.

det latent die Einheitlichkeit des Vollzugs in den Mitgliedstaaten (Divergenz).[290] Beim Fremdvollzug scheint sie noch höher zu sein. Im Abkommen zwischen der Union und Monaco scheinen sich die Vertragsparteien dieses Problems halbwegs bewusst zu sein. Sie thematisieren die einheitliche Anwendung und Auslegung des Unionsrechts insbesondere unter Berücksichtigung der einschlägigen Rechtsprechung des EuGH als Kern des Problems, schrecken aber vor den Herausforderungen zurück.

Als Ansatzpunkt kann hier die hergebrachte Dogmatik zum Vollzug des Unionsrechts nicht dienen. In der Literatur werden (stillschweigend) zwei Kriterien für den indirekten Vollzug des Unionsrechts nutzbar gemacht. Der EuGH verlangt in ständiger Rechtsprechung zwei Voraussetzungen für die Durchsetzung von Ansprüchen durch Individuen vor nationalen Gerichten. Solche innerstaatlichen Verfahren dürfen nicht ungünstiger gestaltet werden, als bei entsprechenden Klagen, die nur innerstaatliches Recht betreffen (Äquivalenzgrundsatz), und sie dürfen die Ausübung der durch die Gemeinschaftsrechtsordnung verliehenen Rechte nicht praktisch unmöglich machen oder übermäßig erschweren (Effektivitätsgrundsatz).[291] Diese Grundsätze von Äquivalenz und Effektivität sollten auch beim indirekten Vollzug herangezogen werden.[292] Wegen der klaren Ausrichtung auf die gerichtliche Durchsetzung von Ansprüchen passt dieser Ansatzpunkt nicht auf die Situation des Fremdvollzugs. Die Ausgangssituation ist eine ganz andere: Während beim indirekten Vollzug die vollziehenden Behörden in die Union einbezogen sind und einige Prozeduren und Korrektive selbstverständlich sind, ist die Lage beim Fremdvollzug eine völlig andere. Die Organe des Drittstaats sind eben nicht in die Struktur der Union aufgenommen und die unionsrechtlichen Determinanten für den Fremdvollzug sind eben nicht selbstverständlich. Was bedeutet das nun im Einzelnen? Wie werden einheitliche Auslegung und Anwendung des Unionsrechts gesichert?

---

290 *von Arnauld*, § 2 Zum Status quo des europäischen Verwaltungsrechts, in: Terhechte (Hrsg.), Verwaltungsrecht der Europäischen Union, 2011, Rn. 6. So schon EuGH, verb. Rs. 205–215/82, Rn. 17 – *Deutsche Milchkontor*.

291 EuGH, Rs. 33/76, Rn. 5 – *Rewe*; EuGH, Rs. C-231/96, Rn. 19 – *Edis*; EuGH, Rs. C-255/00, Rn. 33 – *Grundig Italiana*; EuGH, Rs. C-336/00, Rn. 55 – Huber.

292 *Haltern*, Europarecht Bd. I, 3. Aufl. 2017, Rn. 527; 855; *Haratsch/Koenig/Pechstein*, Europarecht, 11. Aufl. 2018, Rn. 478; *Oppermann/Classen/Nettesheim*, Europarecht, 8. Aufl. 2018, § 12 Rn. 36; *Craig/De Burca*, EU Law, 6. Aufl. 2015, S. 239; *Stettner*, B. III Verwaltungsvollzug, in: Dauses/Ludwigs (Hrsg.), Handbuch des EU-Wirtschaftsrechts, 39. Lfg. (2016), Rn. 15.

Dafür lassen sich drei Ebenen unterscheiden: Eine Kontrollebene, eine methodische Ebene und die Grundrechtsebene.

Auf der Kontrollebene ist die Sicherung der einheitlichen Auslegung und Anwendung die vornehmste Aufgabe des EuGH. Er sichert die einheitliche Anwendung und Auslegung des Unionsrechts und damit dessen praktische Wirksamkeit. Die Anwendung des Unionsrechts durch einen Drittstaat muss also unter der Bedingung erfolgen, dass diese einheitliche Anwendung und Auslegung gesichert sind und die Rechtsprechung des EuGH berücksichtigt werden kann. Instrument zur Sicherung der einheitlichen Anwendung und Auslegung ist vor allem das Vorabentscheidungsverfahren nach Art. 267 AEUV.[293] Als erste Bedingung lässt sich also festhalten, dass der EuGH im Wege des Vorabentscheidungsverfahrens von drittstaatlichen Gerichten befasst werden kann.

In Bezug auf das in Nordirland anwendbare Zollrecht hat der EuGH wegen Art. 12 Abs. 4 NIP i. V. m. Art. 5 Abs. 3 NIP (Art. 14 Abs. 4 NIP a.F. i. V. m. Art. 6 Abs. 2 NIP a.F.) seine in den Verträgen festgelegte Gerichtsbarkeit. Insbesondere besteht für britische Gerichte die Möglichkeit, den EuGH im Wege des Vorabentscheidungsverfahrens zu befassen. Auch die Vorlagepflicht letztinstanzlicher Gerichte ist gewahrt. Die Anwendung des Zollrechts durch britische Behörden aber, wie sie Art. 12 Abs. 1 NIP (Art. 14 Abs. 1 NIP a.F.) vorsieht, wird von der Gerichtsbarkeit nicht erfasst. Dies ist folgerichtig, überwacht der EuGH doch nicht die Handlungen der mitgliedstaatlichen Behörden. Die einheitliche Anwendung und Auslegung des Unionsrechts sind damit gewahrt. Zusätzlich lässt sich festhalten, dass Art. 13 Abs. 2 NIP (Art. 15 Abs. 3 NIP a.F.) vorschreibt, dass die Rechtsprechung des EuGH, also seine Auslegung des einschlägigen Unionsrechts, bei der Auslegung und Anwendung zu berücksichtigen ist.

Damit eng verknüpft ist das Erfordernis, dass der Drittstaat und die Mitgliedstaaten auch tatsächlich das gleiche anwenden. M.a.W. muss das Unionsrecht identisch sein. Nutzen Mitgliedstaaten und Union auf der einen und der Drittstaat auf der anderen Seite unterschiedliche Rechtsstände, ist die Einheitlichkeit von Anwendung und Auslegung garantiert nicht gesichert. Problematisch ist dies etwa, wenn ein Stichtag eingeführt wird, dessen Rechtsstand für den Drittstaat gelten soll. So lässt sich als nächste Bedingung festhalten, dass der Rechtsstand identisch sein und dynamisch angepasst werden muss.

---

293 *Haratsch/Koenig/Pechstein*, Europarecht, 11. Aufl. 2018, Rn. 580. Vgl. EuGH, Rs. 66/80, Rn. 11 – *International Chemical Cooperation*.

Das NIP sieht hier vor, dass die jeweils gültige Fassung der Rechtsakte, die in den jeweiligen Anhängen aufgeführt sind, anzuwenden ist (Art. 15 Abs. 3 NIP; Art. 15 Abs. 4 NIP a.F.). Damit muss das VK den jeweils aktuellen Rechtsstand anwenden. Wenn neue Rechtsakte erlassen werden, die in den Anwendungsbereich des Unionsrechts fallen, können die Vertragsparteien im Gemeinsamen Ausschuss über deren Aufnahme in die Anhänge entscheiden (Art. 15 Abs. 4 NIP; Art. 15 Abs. 5 NIP a.F.). Damit wird ebenfalls der Anschluss an die Rechtsentwicklung gewahrt.

Es ist aber nicht nur der EuGH, der die Anwendung des Unionsrechts überwacht. Als Hüterin der Verträge ist auch die Kommission berufen, die Einhaltung des Unionsrechts durch die Mitgliedstaaten zu überwachen. Als Instrument steht ihr dazu auch das Vertragsverletzungsverfahren nach Art. 257 AEUV zur Verfügung. Damit wird der indirekte Vollzug einer weiteren gerichtlichen Kontrolle unterworfen, nämlich der Aufsichtsklage durch die Kommission.[294] Dabei stellt der Wortlaut von Art. 258 AEUV zwei Hürden auf. Die Klage ist nämlich nur zulässig, wenn die Kommission behauptet, dass ein Mitgliedstaat gegen eine Verpflichtung aus den Verträgen verstoßen hat. Der Begriff der „Verträge“ i.S.d. Art. 258 UAbs. 1 AEUV ist dabei weit auszulegen,[295] er umfasst nahezu das gesamte Unionsrecht. Eine Ausnahme bildet das Recht der GASP (Art. 275 Abs. 1 AEUV). Erfasst sind damit aber auch das Sekundärrecht und die von der Union abgeschlossenen völkerrechtlichen Verträge. Diese Hürde kann für das DWA i.w.S. und die durch das NIP anwendbar gemachten Rechtsakte also bewältigt werden. Das VK ist aber kein Mitgliedstaat mehr und wie bereits erwähnt gilt die Auslegungsanordnung in Art. 7 DWA, wonach der Begriff des „Mitgliedsstaats“ im Unionsrecht das VK beinhalten soll, nur für die Dauer der Implementierungsphase. Es existiert keine Bestimmung, wonach dieser Begriff auch für die Zeit danach anwendbar gemacht werden soll. Jedoch liegt die Lösung in Art. 12 Abs. 4 NIP (Art. 14 Abs. 4 NIP a.F.), wonach der EuGH seine Zuständigkeit behält. Art. 258 AEUV lässt sich also im Lichte dieser Vorschrift dahingehend auslegen, dass er auch für Aufsichtsklagen der Kommission zuständig bleiben soll. Diese Voraussetzung ist damit ebenfalls gewahrt.

---

294 *von Arnauld*, § 2 Zum Status quo des europäischen Verwaltungsrechts, in: Terhechte (Hrsg.), Verwaltungsrecht der Europäischen Union, 2011, Rn. 7. Das Vertragsverletzungsverfahren durch andere Mitgliedstaaten nach Art. 259 AEUV kann mangels Relevanz außen vor bleiben.

295 EuGH, Rs. 22/70, Rn. 15/19 f. – *Kommission/Rat*; *Haratsch/Koenig/Pechstein*, Europarecht, 11. Aufl. 2018, Rn. 517.

Auf der methodischen Ebene gilt das Folgende. In der Rechtsprechung des EuGH werden drei Besonderheiten des Unionsrechts deutlich. Zunächst genießt das Unionsrecht Anwendungsvorrang vor dem nationalen Recht. Die Vorschriften des Unionsrechts sind oft unmittelbar anwendbar, so dass sich auch Einzelne vor nationalen Behörden und Gerichten auf das Unionsrecht berufen können. Unter Umständen wirken einige Rechtsakte unmittelbar, wenn sie bestimmte Voraussetzungen erfüllen. Für die Frage, ob sich etwa ein Wirtschaftsbeteiligter unmittelbar auf Vorschriften des Primär- oder Sekundärrechts berufen kann, sind diese beiden Instrumente ggf. entscheidend. Es muss also beim Fremdvollzug sichergestellt werden, dass unmittelbare Anwendbarkeit und unmittelbare Wirkung vom Drittstaat akzeptiert werden. Für den Fall des NIP ist dies in Art. 12 Abs. 5 NIP (Art. 14 Abs. 5 NIP a.F.) erfolgt.

Zur Wahrung der einheitlichen Anwendung und Auslegung des Unionsrechts kommt noch eine letzte Voraussetzung hinzu. Denn auch der entsprechende Grundrechtsstandard muss gewahrt bleiben. Sinn und Zweck der Union und damit auch des Unionsrechts ist die Wahrung der Grund- und Menschenrechte der Bürger*innen. Verbunden ist damit erneut die Frage nach der Anwendbarkeit der EUGRCh. Voraussetzung ist, dass mitgliedstaatliche Stellen das Recht der Union durchführen (Art. 51 Abs. 1 S. 1 EUGRCh). Das NIP wäre aber anwendbar in einer Zeit, in der das VK kein Mitgliedstaat der Union mehr ist. Auch die Fiktion bzw. Auslegungsanordnung in Art. 7 DWA, wonach der Begriff des „Mitgliedsstaats" im Unionsrecht das VK beinhalten soll, ist nur für die Dauer der Implementierungsphase geschaffen. Ebenso sieht Art. 127 Abs. 1 UAbs. 1 DWA vor, dass die Verträge, wozu über Art. 2 lit. a) Nr. i) DWA auch die EUGRCh zählt, nur bis zum Ende der Implementierungsphase anwendbar sind. Damit sehen weder DWA noch NIP eine Anwendung der EUGRCh durch britische Behörden für die Zeit nach der Implementierungsphase in Bezug auf das in Nordirland anwendbare Zollrecht vor. Das mag aus der Sicht des Drittstaats im Hinblick auf seine Souveränität Sinn ergeben; mit Art. 6 EUV steht es in Widerspruch. Es ergibt wenig Sinn, dass ein Staat bei der Durchführung des Unionsrechts als Unionsrecht und nicht etwa als „umgesetztes Unionsrecht" nicht an den dazu einschlägigen Grundrechtsstandard gebunden sein soll, selbst wenn es sich um einen Drittstaat handelt, denn schließlich hat der Drittstaat sich freiwillig an das Unionsrecht gebunden.

Der Wortlaut des Art. 51 Abs. 1 S. 1 EUGRCh muss entsprechend den Vorgaben des EuGH ausgelegt werden. Wie bereits erwähnt legt der EuGH die Vorschrift dahingehend aus, dass die Charta „in allen unionsrechtlich geregelten Fallgestaltungen, aber nicht außerhalb derselben" angewandt werden muss.[296] Damit setzt er die Durchführung des Unionsrechts mit dem Anwendungsbereich des Unionsrechts gleich.[297] Erinnert man sich daran, dass keine „Fallgestaltungen denkbar [sind], die vom Unionsrecht erfasst würden, ohne dass diese Grundrechte anwendbar wären"[298] muss für britische Behörden bei der Anwendung des Zollrechts der Union in Nordirland die EUGRCh angewandt werden. Dass dies im DWA i.w.S. nicht geregelt wird, sondern vom Gegenteil ausgegangen werden muss, wäre vom EuGH wohl zu Recht als unionsrechtswidrig kritisiert worden.

Damit ist nur die konkrete Situation des Brexits angesprochen. Die Frage des Fremdvollzugs ist aber eine, die sich ggf. auch in anderen Konstellationen stellen wird. Verallgemeinernd wird daher vorgeschlagen, dass der Fremdvollzug von Unionsrecht dann zulässig ist, wenn die folgenden Bedingungen erfüllt sind:

- Möglichkeit von drittstaatlichen Gerichten, Vorabentscheidungsfragen zu stellen,
- einheitlicher Rechtsstand,
- Existenz von unmittelbarer Anwendbarkeit und unmittelbarer Wirkung,
- Kontrollbefugnisse der Kommission, insbesondere durch das Instrument der Aufsichtsklage und
- Anwendbarkeit der EUGRCh.

c) Stellungnahme

Das NIP vermag es, eine schwierige Situation relativ umfassend zu regeln. Einige Probleme bleiben bestehen, wie etwa die Frage der Geltungs- und Anwendungsdauer und die fehlenden Handelsströme aus der EU nach Nordirland. Das sind jedoch keine juristischen Probleme, sondern politische Herausforderungen, auf die dementsprechend reagiert werden muss. Juristisch bedenklich ist allein der blinde Fleck der Grundrechtsanwendung. Nach dem Unionsrecht muss die EUGRCh beim Vollzug des Uni-

---

296 EuGH, Rs. C-617/10, Rn. 19 – *Åkerberg Fransson*.

297 In dieser Richtung bereits die Erläuterungen zu Art. 51 EUGRCh, welche nach Art. 52 Abs. 7 EUGRCh bei der Auslegung gebührend zu berücksichtigen sind.

298 EuGH, Rs. C-617/10, Rn. 21 – *Åkerberg Fransson*.

onsrechts durch britische Behörden anwendbar sein. Das DWA selbst geht vom Gegenteil aus und ist in dieser Hinsicht nicht unionsrechtskonform.

7. *Arbeitnehmer- und Niederlassungsfreiheit*

Art. 24 Abs. 1 DWA macht die Arbeitnehmerfreizügigkeit der Art. 45 ff. AEUV mit einigen Einschränkungen anwendbar. Allerdings nur für solche Personen, die bereits im Aufenthaltsstaat arbeiten oder Grenzarbeitnehmer sind. Dies ergibt sich aus dem Wortlaut der Bestimmung, der von Arbeitnehmern und Grenzarbeitnehmern spricht und an diesen Status Rechte anknüpft, sowie aus dem persönlichen Anwendungsbereich des Art. 24 DWA, der auf Personengruppen des Art. 10 DWA beschränkt ist.

In gleicher Linie macht Art. 25 Abs. 1 DWA die Niederlassungsfreiheit nach Art. 49 ff. AEUV anwendbar. Hier ist aber der persönliche Anwendungsbereich problematisch. Denn Art. 10 DWA nimmt selbstständige Personen gerade nicht in seinen Anwendungsbereich auf. Im Ergebnis muss hier davon ausgegangen werden, dass nur solche Personen in den Genuss der Niederlassungsfreiheit kommen, die vor Ende der Implementierungsphase davon Gebrauch gemacht haben. Dies ergibt sich nicht aus Art. 10 DWA, sondern aus dem Wortlaut des Art. 25 DWA, der von „self-employed persons in the host State and self-employed frontier workers in the State or States of work“ spricht. Das DWA geht also davon aus, dass diese Tätigkeit schon ausgeübt wird. Es ist auch vom Sinn und Zweck des DWA erfasst. Denn es soll die Zeit nach dem Austritt des VK aus der EU regeln und Übergangsvorschriften schaffen. Dem VK war daran gelegen, gerade die Personenfreiheiten des AEUV einzuschränken. Es sollten keine weiteren Personen in den Genuss dieser Grundfreiheiten kommen. Die im DWA gefundene Lösung soll Personen nicht dazu zwingen, ihre wirtschaftliche Betätigung abzubrechen. Es soll Altfälle regeln, nicht neue Fälle schaffen.

V. Schluss: Was ist das DWA?

Wie lässt sich das DWA nun in die unterschiedlichen Integrationsformen des Europarechts i.w.S. bzw. des regionalen Wirtschaftsvölkerrechts einordnen? Passt das DWA in die hergebrachten Kategorien oder ist ein neues Instrument entwickelt worden?

1. Integrationsformen

Grundsätzlich steht die Gestaltung des Wirtschaftslebens im Inland und nach Außen in der Souveränität der Staaten.[299] Diese regulieren ihre nationalen Märkte und die Beziehungen zu anderen Staaten. Schon lange vor der Globalisierung agieren Staaten aber nicht mehr nur allein, sondern gemeinsam mit benachbarten oder weiter entfernten Staaten.[300] Dies gilt natürlich auch und vor allem für die EU, welche die wohl am weitesten integrierte Wirtschaftsregion darstellt.

Eine Möglichkeit, den zwischenstaatlichen Handel zu vereinfachen, besteht in der Errichtung einer Freihandelszone. Eine Freihandelszone ist dadurch gekennzeichnet, dass der zwischenstaatliche Handel dahingehend liberalisiert ist, dass Zölle und andere Abgaben gleicher Wirkung im zwischenstaatlichen Handelsverkehr beseitigt sind. Liberalisiert ist nicht zwingenderweise nur der Handel mit Waren, sondern je nach Ausgestaltung auch der Handel mit Dienstleistungen oder geistigem Eigentum.[301] Die Handelspolitik gegenüber Drittstaaten bleibt jedem Mitglied der Freihan-

---

299 *Oeter*, § 48 Grundstrukturen des Wirtschaftsvölkerrechts, in: Ipsen, Völkerrecht (hrsg. von Epping/Heintschel von Heinegg), 7. Aufl. 2018, Rn. 32.

300 Zur Historie *Oeter*, § 48 Grundstrukturen des Wirtschaftsvölkerrechts, in: Ipsen, Völkerrecht (hrsg. von Epping/Heintschel von Heinegg), 7. Aufl. 2018, Rn. 8 ff.; *Tietje*, § 1 Begriff, Geschichte und Grundlagen des internationalen Wirtschaftssystems und Wirtschaftsrechts, in: Tietje (Hrsg.), Internationales Wirtschaftsrecht, 2. Aufl. 2015, Rn. 36 ff.

301 *Nowrot*, § 2 Steuerungssubjekte und -mechanismen im Internationalen Wirtschaftsrecht (einschließlich regionale Wirtschaftsintegration), in: Tietje (Hrsg.), Internationales Wirtschaftsrecht, 2. Aufl. 2015, Rn. 111.

delszone selbst überlassen.[302] Dies gilt insbesondere für Zölle im Handelsverkehr mit Drittstaaten.

Um die damit verbundenen Nachteile auszugleichen, können die Staaten auch eine Zollunion etablieren. Eine Zollunion ist dadurch gekennzeichnet, dass Ein- oder Ausfuhrzölle sowie Abgaben gleicher Wirkung im zwischenstaatlichen Handelsverkehr verboten sind und ein gemeinsamer Zolltarif den Handel mit Drittstaaten betrifft, es also einen gemeinsamen Außenhandelszoll gibt (vgl. dazu Art. 28 AEUV).[303]

Die Integration der EU-Mitgliedstaaten ist weit über diese Formen hinausgegangen. Aufgabe der EU ist die Errichtung eines Binnenmarkts (Art. 3 Abs. 3 S. UAbs. 1 S. 1 EUV). Dieser umfasst ausweislich von Art. 26 Abs. 2 AEUV einen „Raum ohne Binnengrenzen, in dem der freie Verkehr von Waren, Personen, Dienstleistungen und Kapital gemäß den Bestimmungen der Verträge gewährleistet ist."

Doch auch damit ist die EU nicht ausreichend beschrieben. Sie strebt vielmehr eine Wirtschafts- und Währungsunion an (Art. 3 Abs. 4 EUV). In diesem Rahmen werden die Wirtschaftspolitiken der Mitgliedstaaten koordiniert, die rechtlichen und ökonomischen Rahmenbedingungen harmonisiert und (freilich nicht bei allen Mitgliedstaaten) eine einheitliche Währung eingeführt.[304]

Die EU unterhält mit zahlreichen europäischen Nachbarstaaten enge Beziehungen. Die Ausgestaltung des zukünftigen Verhältnisses zwischen der EU und dem VK kann sich an diesen Erscheinungsformen, die nicht immer sauber unterschieden werden können, orientieren. Mit dem DWA haben die EU und VK den Versuch unternommen, eine Lösung für die Übergangszeit zu finden. Vor allem sollte die Teilung der irischen Insel in einen EU-Mitgliedstaat und einen Nicht-EU-Staat aufgefangen werden, um eine harte irische Grenze zwischen Irland und Nordirland als Teil des Vereinigten Königreichs zu verhindern.

---

302 *Nowrot*, § 2 Steuerungssubjekte und -mechanismen im Internationalen Wirtschaftsrecht (einschließlich regionale Wirtschaftsintegration), in: Tietje (Hrsg.), Internationales Wirtschaftsrecht, 2. Aufl. 2015, Rn. 112.

303 *Nowrot*, § 2 Steuerungssubjekte und -mechanismen im Internationalen Wirtschaftsrecht (einschließlich regionale Wirtschaftsintegration), in: Tietje (Hrsg.), Internationales Wirtschaftsrecht, 2. Aufl. 2015, Rn. 114.

304 Vgl. *Nowrot*, § 2 Steuerungssubjekte und -mechanismen im Internationalen Wirtschaftsrecht (einschließlich regionale Wirtschaftsintegration), in: Tietje (Hrsg.), Internationales Wirtschaftsrecht, 2. Aufl. 2015, Rn. 119 f.

2. *EWR*

Die Europäische Freihandelszone (EFTA) war als Gegengewicht zur damaligen EWG gedacht.[305] Nach dem Beitritt zahlreicher EFTA-Mitglieder zur EWG bzw. EG sind heute nur noch Island, Liechtenstein, Norwegen und die Schweiz Mitglieder der EFTA. Beziehungen zur EU unterhält die Schweiz auf Grundlage bilateraler Abkommen.[306] Mit den übrigen drei EFTA-Staaten bildet die EU den Europäischen Wirtschaftsraum (EWR), der durch das Abkommen über den Europäischen Wirtschaftsraum gegründet wurde.[307] Das EWR-Abkommen basierte auf dem damaligen Art. 310 EG, der dem heutigen Art. 217 AEUV entspricht.

a) Rechtsgrundlage

Nach Art. 217 AEUV kann die Union Verträge schließen, die eine „Assoziierung mit gegenseitigen Rechten und Pflichten, gemeinsamen Vorgehen und besonderen Verfahren herstellen." Im Einzelnen sind nicht alle dieser Kriterien geeignet, das Spezifische der Assoziierung herauszustellen. Insbesondere fällt die Abgrenzung zum Abschluss von Freihandelsabkommen nach Art. 207 AEUV schwer, auch wenn die Norm einige Anhaltspunkte bietet.

i. Gegenseitige Rechte und Pflichten

Gegenseitige Rechte und Pflichten sind im Regelfall stets in einem Vertrag zu finden.[308] Dies gilt selbstverständlich sowohl für Handelsabkommen als

---

305 *Epiney*, § 26 Europäische Freihandelszone, in Hatje/Müller-Graff (Hrsg.), Enzyklopädie Europarecht I – Europäisches Organisations- und Verfassungsrecht, 2014, Rn. 3.

306 Näher *Cottier*, Die Rechtsbeziehungen der Schweiz und der Europäischen Union, 2014, S. 79 ff.; *Kaddous*, § 20 Die Zusammenarbeit zwischen der EU und der Schweiz, in Hatje/Müller-Graff (Hrsg.), Enzyklopädie Europarecht I – Europäisches Organisations- und Verfassungsrecht, 2014, Rn. 11 ff. Einen Vergleich zwischen den Beziehungen EU-Schweiz und den möglichen Beziehungen EU27-VK zieht *Hahn*, Brexit und Drittstaaten: Das Beispiel Schweiz, ZEuS 2017, 431 ff.

307 BGBl. 1993-II, 266; Abl. EG 1994, L1/7.

308 *Mögele*, in: Streinz (Hrsg.), EUV/AEUV, 3. Aufl. 2018, Art. 217 AEUV Rn. 12; *Oppermann/Classen/Nettesheim*, Europarecht, 8. Aufl. 2018, § 41 Rn. 5.

auch für Assoziierungsabkommen. In der Gegenseitigkeit von Rechten und Pflichten liegt wohl nicht das Spezifische der Assoziierung. Das Kriterium soll vielmehr sicherstellen, dass der Vertragspartner der Union und ihrem Recht nicht ohne Einflussmöglichkeiten untergeordnet wird.[309]

Schon hier lässt sich zweifeln, ob das DWA diesem Kriterium gerecht wird. Denn das VK verpflichtet sich, das Unionsrecht anzuwenden. Es behält diese zentrale Verpflichtung der Mitgliedschaft, ohne Mitgliedschaftsrechte zu behalten.

ii. Gemeinsames Vorgehen und gemeinsame Verfahren

Wohl sind die anderen beiden Varianten geeigneter, den Unterschied zwischen Art. 207 AEUV und Art. 217 AEUV deutlich zu machen.

Ein „gemeinsames Vorgehen" i.S.d. Art. 217 AEUV kann darin liegen, mit dem Vertragspartner gemeinsame Politiken zu entwickeln.[310] Dieses Kriterium fehlt beim DWA ebenfalls. Denn das VK und die Union schaffen keine Grundlage für gemeinsames Vorgehen. Das DWA soll den Austritt abfedern und einen Mindeststandard an Beziehung waren. Das gemeinsame Vorgehen, um gemeinsame Politiken zu entwickeln ist erst für die spätere vertragliche Grundlage vorgesehen.

„Gemeinsame Verfahren" i.S.d. der Vorschrift gehen über das hinaus, was im Rahmen von völkerrechtlichen Freihandelsabkommen vereinbart wird, indem etwa gemeinsame Gremien eingerichtet werden, welche die politischen Dynamiken der Assoziierung entwickeln können.[311] Der EuGH hat dies dahingehend „präzisiert", dass ein solches Abkommen „besondere und privilegierte Beziehungen mit einem Drittstaat schafft, der zumindest teilweise am Gemeinschaftssystem teilhaben muss (...)"[312] Daher können Gegenstand eines solchen Assoziierungsabkommens auch gemein-

309 *Vöneky/Beylage-Haarmann*, in: Grabitz/Hilf/Nettesheim (Hrsg.), Das Recht der EU, 56. Lfg. 2015, Art. 217 EUV Rn. 7.

310 *Mögele*, in: Streinz (Hrsg.), EUV/AEUV, 3. Aufl. 2018, Art. 217 AEUV Rn. 13.

311 *Mögele*, in: Streinz (Hrsg.), EUV/AEUV, 3. Aufl. 2018, Art. 217 AEUV Rn. 14.

312 EuGH, Rs. 12/86, Rn. 9 – *Demirel*.

same Organe sein, wie etwa ein Assoziationsrat,[313] die dann so genanntes Assoziationsrecht[314] schaffen.

Hier wiederrum scheint das DWA das Kriterium zu erfüllen, denn im Joint Committee kommen die Vertragsparteien regelmäßig zusammen, um die Anwendung und Passgenauigkeit des DWA zu überprüfen. Als ehemaliger Mitgliedstaat soll das VK einzigartige Beziehungen zur Union unterhalten. Im vorliegenden Fall ist seine Stellung dahingehend privilegiert, dass es weitestgehend als Mitgliedstaat behandelt wird.

Unterschieden werden die Handelsabkommen nach Art. 207 AEUV auf der einen und der Assoziierung nach Art. 217 AEUV auf der anderen Seite somit nach Inhalt, Intensität und Zielen.[315] Mit Handelsabkommen nach Art. 207 AEUV streben die Vertragsparteien eine etwas lockere vertragliche Beziehung an. Erst wenn eine „kritische Maße"[316] an Assoziierungsaspekten erreicht wird kommt ein Abkommen nach Art. 217 AEUV in Betracht.

iii. Inhalt und Dauer

An einem weiteren, in der Wissenschaft entwickelten Kriterium scheitert die Einordnung des DWA als Assoziierungsabkommen jedoch. Die Assoziierung sei stets auf Kontinuität[317] und Dauer[318] ausgerichtet. In der bisherigen Vertragspraxis sind alle Abkommen entweder auf unbegrenzte Zeit geschlossen worden oder verlängern sich automatisch.[319] Dieses Kriterium

---

313 *Oppermann/Classen/Nettesheim*, Europarecht, 8. Aufl. 2018, § 41 Rn. 5; *Vöneky/Beylage-Haarmann*, in: Grabitz/Hilf/Nettesheim (Hrsg.), Das Recht der EU, 56. Lfg. 2015, Art. 217 EUV Rn. 38.

314 *Hummer*, in: Vedder/Heintschel von Heinegg (Hrsg.), Europäisches Unionsrecht, 2. Aufl. 2018, Art. 217 AEUV Rn. 4.

315 *Hummer*, in: Vedder/Heintschel von Heinegg (Hrsg.), Europäisches Unionsrecht, 2. Aufl. 2017, Art. 217 AEUV Rn. 13.

316 *Mögele*, in: Streinz (Hrsg.), EUV/AEUV, 3. Aufl. 2018, Art. 217 AEUV Rn. 16; *Vöneky/Beylage-Haarmann*, in: Grabitz/Hilf/Nettesheim (Hrsg.), Das Recht der EU, 56. Lfg. 2015, Art. 217 EUV Rn. 13.

317 *Oppermann/Classen/Nettesheim*, Europarecht, 8. Aufl. 2018, § 41 Rn. 2; *Schmalenbach*, in: Calliess/Ruffert (Hrsg.), EUV/AEUV, 5. Aufl. 2016, Art. 217 AEUV Rn. 5; *Schmalenbach*, § 6 Assoziierung und Erweiterung, in: von Arnauld (Hrsg.), Enzyklopädie Europarecht X – Europäische Außenbeziehungen, 2014, S. 321 ff., Rn. 14.

318 *Vöneky/Beylage-Haarmann*, in: Grabitz/Hilf/Nettesheim (Hrsg.), Das Recht der EU, 56. Lfg. 2015, Art. 217 EUV Rn. 11.

319 *Vöneky/Beylage-Haarmann*, in: Grabitz/Hilf/Nettesheim (Hrsg.), Das Recht der EU, 56. Lfg. 2015, Art. 217 EUV Rn. 11.

kann durchaus kritisch gesehen werden. Gerade in Bezug auf die Beitrittsassoziierung kann es eigentlich nicht überzeugen, denn eine solche Assoziierung ist immer mit einem impliziten Ende verbunden, auch wenn der konkrete Beitrittstermin nicht bekannt ist und auf sich warten lässt. Das DWA soll einen Zeitraum von gerade einmal elf Monaten abdecken; an diesen Zeitraum schließt sich dann die Anwendung einiger Teile wie das NIP an. Dauerhaft soll das DWA aber nicht sein.

iv. Typologie der bisherigen Assoziierungsabkommen

Assoziierungen können sich auf unterschiedliche Bereiche erstrecken. Anerkannt sind etwa Freihandelsassoziierungen zur Schaffung vereinfachter Wirtschaftsbeziehungen, Entwicklungsassoziierungen zur Förderung wirtschaftlich benachteiligter Staaten, Beitrittsassoziierungen zur Vorbereitung eines späteren Beitritts zur Union,[320] oder Nachbarschaftsassoziierungen nach Art. 8 EUV.[321]

v. Stellungnahme

Das DWA ist damit aus mehreren Gründen kein Assoziierungsabkommen. Es scheitert an dem im Wortlaut zu findenden Kriterium des gemeinsamen Vorgehens und an dem impliziten Kriterium der Dauerhaftigkeit. Des Weiteren kann das DWA nicht als Austrittsassoziierung angesehen werden. Aufgrund seines Sinns und Zwecks, die Einzelheiten des Austritts zu regeln, ist sein Charakter auf eine Übergangsphase ausgerichtet.

Die neue Politische Erklärung vom Oktober 2019 unterstützt dieses Ergebnis. In Rn. 120 vereinbaren die EU und das Vereinigte Königreich, dass ihre zukünftige Beziehung die Form eines Assoziierungsabkommens annehmen könnte. Impliziert ist damit der Schluss, dass es sich beim DWA noch um keine Form der Assoziierung handelt.

---

320 *Hummer*, in: Vedder/Heintschel von Heinegg (Hrsg.), Europäisches Unionsrecht, 2. Aufl. 2018, Art. 217 AEUV Rn. 12; *Vöneky/Beylage-Haarmann*, in: Grabitz/Hilf/Nettesheim (Hrsg.), Das Recht der EU, 56. Lfg. 2015, Art. 217 EUV Rn. 1.

321 *Schmalenbach*, in: Calliess/Ruffert (Hrsg.), EUV/AEUV, 5. Aufl. 2016, Art. 217 AEUV Rn. 33. Kritisch *Vöneky/Beylage-Haarmann*, in: Grabitz/Hilf/Nettesheim (Hrsg.), Das Recht der EU, 56. Lfg. 2015, Art. 217 EUV Rn. 1.

b) Das EWR-Abkommen

Die Vertragspartner des EWR-Abkommens unternehmen es, die beiden europäischen Wirtschaftsorganisationen EFTA und EG bzw. EU enger aneinander zu bringen. Heute umfasst die EU an sich schon den Großteil des Wirtschaftsraums Europa, während in der EFTA kleinere Volkswirtschaften vereint sind. Der EWR orientiert sich damit am Recht der EU; er wird als Versuch gewertet, einen Großteil des materiellen Unionsrechts in die Form eines „regulären" völkerrechtlichen Vertrags zu gießen,[322] es der Sache nach auf Nichtmitglieder der Union anzuwenden ohne dabei supranationale Strukturen zu etablieren.[323] Ziel ist die Schaffung „binnenmarktähnlicher Verhältnisse"[324] (vgl. Art. 1 EWR-Abkommen, Erwägungsgrund 5 EWR-Abkommen Präambel), das einhergeht mit der Übernahme des acquis communautaire.[325] Andere Bereiche, in denen die Union heute aktiv ist, werden vom EWR nicht erfasst.[326] Namentlich fallen die Gemeinsame Handelspolitik, die GASP und die polizeiliche und justizielle Zusammenarbeit nicht in den EWR-Bereich.[327] Materiell trifft das EWR-Abkommen Regelungen über die Grundfreiheiten des Gemeinschafts- bzw. Unionsrechts und macht diese auf die Vertragsparteien des EWR-Abkommens anwendbar (Art. 8 EWR-Abkommen ff.). Hinzu kommen verschiedene Politikbereiche, welche die Vertragsparteien im Zusammenhang mit den vier Grundfreiheiten gemeinsam angehen möchten (Art. 66 ff. EWR-Abkommen) sowie das Wettbewerbsrecht (Art. 53 ff. EWR-Abkommen).

---

322 Vgl. schon Erwägungsgrund 5 der Präambel EWR-Abkommen. *Graver*, § 19 Der Europäische Wirtschaftsraum (EWR), in Hatje/Müller-Graff (Hrsg.), Enzyklopädie Europarecht I – Europäisches Organisations- und Verfassungsrecht, 2014, Rn. 2.

323 *Graver*, § 19 Der Europäische Wirtschaftsraum (EWR), in Hatje/Müller-Graff (Hrsg.), Enzyklopädie Europarecht I – Europäisches Organisations- und Verfassungsrecht, 2014, Rn. 4.

324 *Hummer*, in: Vedder/Heintschel von Heinegg (Hrsg.), Europäisches Unionsrecht, 2. Aufl. 2017, Art. 217 AEUV Rn. 14. So auch *Herrnfeld*, in: Schwarze/Becker/Hatje/Schoo, EU-Kommentar, 4. Aufl. 2019, Art. 217 AEUV Rn. 9.

325 *Hummer*, in: Vedder/Heintschel von Heinegg (Hrsg.), Europäisches Unionsrecht, 2. Aufl. 2017, Art. 217 AEUV Rn. 14; *Herrnfeld*, in: Schwarze/Becker/Hatje/Schoo, EU-Kommentar, 4. Aufl. 2019, Art. 217 AEUV Rn. 9.

326 *Graver*, § 19 Der Europäische Wirtschaftsraum (EWR), in Hatje/Müller-Graff (Hrsg.), Enzyklopädie Europarecht I – Europäisches Organisations- und Verfassungsrecht, 2014, Rn. 13.

327 *Schroeter/Nemeczek*, "Brexit", aber "rEEAmain"? Die Auswirkungen des EU-Austritts auf die EWR-Mitgliedschaft des Vereinigten Königreichs, JuristenZeitung 2017, 713 (714).

Aus unionsrechtlicher Sicht stellt das EWR-Abkommen einen völkerrechtlichen Vertrag der Union dar (Art. 216 Abs. 2 AEUV). Der EFTA-Gerichtshof geht selbst davon aus, dass das EWR-Abkommen nicht die Integrationstiefe des Gemeinschaftsrechts erreiche, aber eine „gesteigerte Freihandelszone" („enhanced free trade area") etabliere und damit in seinem Anwendungsbereich und Ziel über das hinausgehen, was für völkerrechtliche Verträge üblich sei.[328]

c) Gerichtliche Kontrolle des EWR-Abkommens und das Gutachten 1/91 des EuGH

Die ursprüngliche Fassung des EWR-Abkommens sah einen EWR-Gerichtshof vor.[329] Er war nach Art. 96 Abs. 1 des EWR-Abkommen-Entwurfs wie folgt zuständig:

„(1) The EEA Court is competent for:
(a) the settlement of disputes between the Contracting Parties;
(b) actions concerning the surveillance procedure regarding the EFTA States;
(c) appeals concerning decisions in the field of competition initiated by the EFTA Surveillance Authority."

Die beiden Spruchkammern des EWR-Gerichtshofs sollten mit dem EuGH und seinen Spruchkammern sowie den Gerichten der EFTA-Staaten dahingehend kooperieren, dass der Rechtsprechung der jeweils anderen Gerichte Rechnung getragen werden sollte (Art. 104 EWR-Abkommen-Entwurf). Zur Vereinheitlichung sah Art. 6 EWR-Abkommen-Entwurf vor:

"Without prejudice to future developments of case law, the provisions of this Agreement, in so far as they are identical in substance to corresponding rules of the Treaty establishing the European Economic Community and the Treaty establishing the European Coal and Steel Community and to acts in application of these two Treaties, shall in their implementation and application be interpreted in conformity with the relevant rulings of the Court of Justice of the European Communities given prior to the date of signature of this Agreement."

---

328 *EFTA-Gerichtshof*, Rs. E-9/97, Gutachten vom 10.12.1998 – *Sveinbjörnsdóttir*, Rn. 59.

329 Die fraglichen Vorschriften finden sich in *EuGH*, Gutachten 1/91 – *EWR-Abkommen*, Slg. 1992, I-6086 ff.

Bevor dieser Entwurf in Kraft treten konnte, hatte sich der EuGH mit der Frage der Vereinbarkeit des Entwurfs mit dem damaligen Gemeinschaftsrecht befasst und sich auf die Frage der gerichtlichen Kontrolle dieses Systems konzentriert. Den EWR-Gerichtshof sah der EuGH im Ergebnis als unvereinbar mit dem Europarecht an, weil angemessene Bestimmungen fehlten, welche die Homogenität der Rechtsprechung im Besonderen und der Rechtsordnung im Allgemeinen sicherstellten. Der EuGH verwies darauf, dass die Wortlautidentität von Gemeinschaftsrecht und EWR-Recht nicht zwangsläufig zur einheitlichen Auslegung führten, da die Gemeinschaft eine internationale Organisation mit abgetretenen Hoheitsrechten sei und der EWR (als Freihandelszone) vor allem Rechte für die Vertragsparteien begründen sollte. Unterschiedliche Ziele könnten aber, so der EuGH, zu unterschiedlichen Auslegungen durch die verschiedenen Institutionen der Rechtsprechung führen.[330] Des Weiteren habe der Entwurf die unmittelbare Wirkung und den Anwendungsvorrang nicht sicherstellen können.[331] Soweit der EWR-Gerichtshof über die „jeweiligen Befugnisse der Gemeinschaft und ihrer Mitgliedstaaten auf den durch die Bestimmungen des Abkommens geregelten Gebieten zu entscheiden" habe, sei dies ein Verstoß gegen die ausschließliche Zuständigkeit des EuGH.[332] Das EWR-Abkommen sei als völkerrechtlicher Vertrag Teil der Gemeinschaftsrechtsordnung,[333] und unterfalle damit der Zuständigkeit des EuGH.[334] Grundsätzlich sei gemeinschaftsrechtlich zulässig, dass ein solches Gerichtssystem in einem völkerrechtlichen Vertrag der Gemeinschaft etabliert werde.[335] Im konkreten Fall werde jedoch ein wesentlicher Teil des Gemeinschaftsrechts in das Abkommen übernommen und der Gerichtsbarkeit des EWR-Gerichtshofs unterstellt. Eine einheitliche Anwendung des Gemeinschaftsrechts sei damit nicht mehr gegeben und darin liege ein Verstoß gegen das Gemeinschaftsrecht.[336]

---

330 EuGH, Gutachten 1/91, Rn. 14–22 – *EWR-Abkommen I.*

331 EuGH, Gutachten 1/91, Rn. 27 f. – *EWR-Abkommen I.*

332 EuGH, Gutachten 1/91, Rn. 34–36 – *EWR-Abkommen I.*

333 EuGH, Gutachten 1/91, Rn. 37 – *EWR-Abkommen I.* Zustimmend *Graver*, § 19 Der Europäische Wirtschaftsraum (EWR), in Hatje/Müller-Graff (Hrsg.), Enzyklopädie Europarecht I – Europäisches Organisations- und Verfassungsrecht, 2014, Rn. 3.

334 EuGH, Gutachten 1/91, Rn. 38 – *EWR-Abkommen I.*

335 EuGH, Gutachten 1/91, Rn. 40 – *EWR-Abkommen I.*

336 EuGH, Gutachten 1/91, Rn. 41 – *EWR-Abkommen I.*

Der Vertrag wurde angepasst und nunmehr existiert aufgrund von Art. 108 EWR-Abkommen der EFTA-Gerichtshof. Seine Zuständigkeit erstreckt sich nach Art. 108 Abs. 2 EWR-Abkommen auf:

> „(2) Die EFTA-Staaten setzen einen Gerichtshof (EFTA-Gerichtshof) ein.
> Der EFTA-Gerichtshof ist aufgrund einer besonderen Vereinbarung zwischen den EFTA-Staaten hinsichtlich der Anwendung dieses Abkommens insbesondere zuständig für:
> a) Klagen wegen des die EFTA-Staaten betreffenden Überwachungsverfahrens,
> b) Rechtsmittel gegen Entscheidungen der EFTA-Überwachungsbehörde in Wettbewerbssachen,
> c) die Beilegung von Streitigkeiten zwischen zwei oder mehr EFTA-Staaten."

Die Bezeichnung als EFTA-Gerichtshof ist verwirrend, ist der Gerichtshof doch kein Organ der EFTA, sondern bloß zuständig für die EFTA-Staaten, die zugleich Mitglied im EWR sind. Der ehemalige Präsident des EFTA-Gerichtshofs *Carl Baudenbacher* fasst zusammen, der EFTA-Gerichtshof sei „zur Entscheidung von Rechtssachen zuständig, die ihren Ursprung im EFTA-Pfeiler des Europäischen Wirtschaftsraums (EWR) haben."[337] Es kann damit zu einem Widerspruch zwischen EuGH und EFTA-Gerichtshof kommen. Der Gemeinsame EWR-Ausschuss soll zu diesem Zwecke auf eine einheitliche Auslegung achten und sich für die einheitliche Auslegung einsetzen (Art. 105 Abs. 1; Abs. 2 EWR-Abkommen). Gelingt dies nicht, kommen die Verfahren des Art. 111 EWR-Abkommen in Betracht. So ist etwa vorgesehen, dass der EuGH im Wege des Vorabentscheidungsverfahrens über Fragen entscheidet, die im Wesentlichen gemeinschafts- bzw. unionsrechtliche Fragen sind (Art. 111 Abs. 3 UAbs. 1 EWR-Abkommen).

Der EuGH hat die heute existierende Ordnung des EWR-Abkommens und des Streitbeilegungsmechanismus gebilligt.[338] Er hebt insbesondere hervor, dass das neue System zwei Stränge vorsehe: Eines zur Beilegung von Streitigkeiten und eines zur einheitlichen Auslegung des Abkom-

---

337 *Baudenbacher*, Der EFTA-Gerichtshof – der kleine Bruder des EuGH, Prisma 341 – Weg, 2012, 20 (20). Erhältlich unter https://prisma-hsg.ch/wp-content/uploads/2015/09/341_Weg.pdf.

338 EuGH, Gutachten 1/92 – *EWR-Abkommen II*.

mens.[339] Da die Vertragsparteien verbindlich vereinbart haben, dass die Entscheidungen, welche im Rahmen der Streitbeilegung getroffen werden, der Rechtsprechung des EuGH nicht widersprechen dürften, sieht der EuGH seine Entscheidungshoheit als gewahrt an.[340] Des Weiteren gebe es nunmehr keine Pflicht mehr für den EuGH, die Rechtsprechung anderer Gerichte gebührend zu berücksichtigen.[341] Nicht nur hat der EuGH kein Problem damit, dass jemand ihm seine Auslegungshoheit streitig machen könnte. Auch positiv gewendet erkennt der EuGH, dass durch die Übertragung neuer Aufgaben seine primärrechtliche Aufgabe nicht verfälscht werde.[342] Die Auslegung des Unionsrechts ist vornehmste Aufgabe des EuGH und damit ist die Übertragung der Auslegungsverantwortung für das Unionsrecht in völkerrechtlichen Verträgen der Union auf den EuGH unionsrechtlich zulässig.[343]

d) Brexit aus dem EWR-Abkommen?

Das EWR-Abkommen ist ein völkerrechtlicher Vertrag zwischen den drei EFTA-Staaten Island, Liechtenstein und Norwegen sowie der EG bzw. EU und deren Mitgliedstaaten. Das VK ist damit nicht bloß vermittelt über die EU Mitglied des Abkommens, sondern als Staat eigenständige Vertragspartei dieses gemischten Abkommens. Es stellt sich nunmehr die Frage, ob das VK auch nach dem Brexit Vertragspartei des EWR-Abkommens ist oder ob der Austritt aus der EU automatisch auch den Austritt aus dem EWR-Abkommen nach sich zieht.

i. Argumente pro Austritt aus dem EWR-Abkommen

Das EWR-Abkommen geht nach Art. 2 lit. b), c) von zwei Kategorien von Vertragsparteien aus: Den EFTA-Staaten (lit. b]) und der Union und ihren

339 EuGH, Gutachten 1/92, Rn. 14 – *EWR-Abkommen II.*
340 EuGH, Gutachten 1/92, Rn. 23 ff. – *EWR-Abkommen II.*
341 EuGH, Gutachten 1/92, Rn. 16 – *EWR-Abkommen II.*
342 EuGH, Gutachten 1/92, Rn. 32 – *EWR-Abkommen II.*
343 So für das EWR-Abkommen EuGH, Gutachten 1/92, Rn. 35 – *EWR-Abkommen II.*

Mitgliedstaaten (lit. c]). Drittstaaten scheinen vom Abkommen als Vertragsparteien nicht vorgesehen zu sein.[344]

Für einen automatischen Austritt auch aus dem EWR-Abkommen durch den Brexit spricht die Praxis der Beteiligten. Die EU und VK verhandeln, weil sie davon ausgehen, dass nach dem Brexit zwischen ihnen kein Abkommen bestehen bleibt. Nicht zuletzt ist das NIP als ultima ratio, eine harte irische Grenze zu vermeiden, deutliches Zeichen dafür, dass die Parteien von einem „vertragsfreien" Zustand nach dem Brexit ausgehen, in dem nur das WTO-Recht gilt.[345]

Im Great Repeal Act von 2018[346], mit dem das VK den Brexit innerstaatlich vorbereitet, wird der EEA Act von 1993,[347] der das EWR-Abkommen in britisches Recht gebracht hat, modifiziert.[348] Dies geschieht im Gegensatz zu den innerstaatlichen Rechtsakten zur EU, die in Gänze abgeschafft werden.[349]

Die offizielle Position der EU ist: „Der EWR-Vertrag ist ein gemischtes Abkommen, bei dem die Europäische Union und ihre Mitgliedstaaten auf der einen Seite, und die EFTA Staaten auf der anderen Seite, in ein bilaterales Vertragsverhältnis eingetreten sind (...). Die oben beschriebene Rechtsfolge für den EWR-Vertrag tritt automatisch mit dem Vollzug des Austritts Großbritanniens aus der Europäischen Union ein; es bedarf insofern keiner separaten Kündigung seitens Großbritanniens, der Union und ihrer Mitgliedstaaten, oder der EFTA Staaten."[350] Damit gehen EU und VK

---

344 So etwa *Hillion*, Brexit means Br(EEA)xit: The UK Withdrawal from the EU and its Implications for the EEA, Common Market Law Review 55 (2018), 135 (137).

345 So auch ausdrücklich Prime Minister's letter to Donald Tusk triggering Article 50, 29.3.2017, https://assets.publishing.service.gov.uk/government/uploads/system/uploads/attachment_data/file/604079/Prime_Ministers_letter_to_European_Council_President_Donald_Tusk.pdf, 3. Ähnlich bereits *Herrmann*, Brexit, WTO und EU-Handelspolitik, EuZW 2017, 961 (962).

346 http://www.legislation.gov.uk/ukpga/2018/16/contents/enacted/data.htm.

347 http://www.legislation.gov.uk/ukpga/1993/51/section/1.

348 Great Repeal Act, Schedule 8, Rn. 23.

349 Great Repeal Act, Schedule 9.

350 Zitiert nach *Daragan*, Brexit und EWR-Abkommen – ein Update, ZErb 2018, 137 (137). Die Quelle konnte nicht mehr online aufgefunden werden. Ähnlich bereits die Verhandlungsleitlinien des Europäischen Rates von April 2017 EUCO XT 20004/17 vom 17.4.2017, Rn. 13.

davon aus, dass der EWR-Vertrag nicht mehr gilt. Auch die EFTA-Staaten sollen davon ausgehen, dass VK aus dem EWR-Abkommen ausscheidet.[351]

Spiegelbildlich soll der Beitritt eines Staates zur EU zum Beitritt im EWR führen (Art. 128 Abs. 1 EWR-Abkommen). Diese Vorschrift verknüpft die EU-Mitgliedschaft mit der EWR-„Mitgliedschaft". Die systematische Auslegung von Art. 2 lit. b), c) EWR-Abkommen und Art. 128 Abs. 1 EWR-Abkommen zeigt, dass Staaten als EU- oder EFTA-Mitglieder Vertragsparteien des EWR-Abkommens werden können, aber nicht als Drittstaaten.

Auch der geographische Anwendungsbereich des EWR-Abkommens spricht für einen automatischen Ausschluss des VK: Art. 126 Abs. 1 EWR-Abkommen erstreckt den Geltungsbereich auf die Gebiete, in denen das Unionsrecht gilt, und die drei EFTA-Staaten. Es ergäbe nun keinen Sinn, wenn VK Vertragspartei des EWR-Abkommens bliebe, aber der Anwendungsbereich des Abkommens sich nicht auf das britische Territorium erstrecken würde.[352] Dies wäre aber der Fall, wenn man Art. 126 EWR-Abkommen allein dem Wortlaut nach auslegen würde.[353]

Wenn das VK Vertragspartei bliebe, wäre die Überwachung durch das in Art. 109 Abs. 1 EWR-Abkommen vorgesehene Kontrollsystem nicht mehr gewährleistet. Denn über VK hätte weder die Kommission noch die EFTA-Überwachungsbehörde Zuständigkeit.[354]

Eine Kündigungserklärung zum EWR-Abkommen ist darüber hinaus naturgemäß nicht in der Erklärung zu Art. 50 Abs. 2 EUV enthalten, denn diese Kündigung wäre bei der EU falsch oder zumindest nur teilweise richtig, denn sie müsste gegenüber allen Vertragspartner erfolgen, mithin den übrigen 27 Mitgliedstaaten der EU und den drei EFTA-Staaten.

Art. 33 DWA geht ebenfalls davon aus, dass das EWR-Abkommen nach dem Brexit nicht mehr gilt. Die Vorschrift sieht bestimmte Rechte für Bür-

---

351 Zitiert nach *Daragan*, Brexit und EWR-Abkommen – ein Update, ZErb 2018, 137 (138), der auf die Webseite der liechtensteinischen Regierung verweist. Die Quelle ist online nicht mehr auffindbar.

352 In dieser Richtung *Isak*, Nach dem Brexit: Weitere Differenzierung der Union nach innen und nach außen?, in: Lorenzmeier/Folz (Hrsg.), Recht und Realität – FS Vedder, 172 (197 f.); *Hahn*, Brexit und Drittstaaten: Das Beispiel Schweiz, ZEuS 2017, 431 (440 f.).

353 So aber *Schroeter/Nemeczek*, "Brexit", aber "rEEAmain"? Die Auswirkungen des EU-Austritts auf die EWR-Mitgliedschaft des Vereinigten Königreichs, Juristen-Zeitung 2017, 713 (716).

354 *Daragan*, Brexit und EWR-Abkommen, ZErb 2016, 281 (282).

ger*innen der Staaten Island, Liechtenstein, Norwegen und der Schweiz vor, die so explizit nur für Schweizer*innen erforderlich gewesen wären.

ii. Argumente contra Austritt aus dem EWR-Abkommen

Andere meinen, die Mitgliedschaft in der EU müsse von der Mitgliedschaft im EWR unabhängig betrachtet werden.[355] Dies liege daran, dass das EWR-Abkommen als gemischtes Abkommen sowohl die EU als auch die EU-Mitgliedstaaten als eigenständige Vertragspartner hat.[356] Ebenso sieht Art. 129 Abs. 1 DWA vor, dass u.a. die gemischten Abkommen weiterhin für VK gelten.

Gegen einen automatischen Austritt und für einen Verbleib im EWR-Abkommen sprechen darüber hinaus die Kündigungserklärung des VK und deren rechtlicher Rahmen. Rechtsgrundlage für den Austritt ist Art. 50 EUV, der allerdings nur das Verhältnis zwischen der EU und dem VK regelt. Er hat keinen Bezug zum EWR oder EWR-Abkommen[357] oder anders gefasst keinen „cross-treaty-effect".[358] Gemischte Abkommen werden von der Rechtsfolge des Art. 50 Abs. 2 EUV nicht erfasst.[359]

Ausdrücklich sieht die Kündigungserklärung des VK einen Austritt aus der EU und der EAG vor,[360] über den EWR schweigt sich die Erklärung hingegen aus. Wenn die Premierministerin schon klarstellen muss, dass sich der Brexit auch auf die EAG bezieht, dann müsste sie erst recht ankün-

---

355 *Schroeter/Nemeczek*, "Brexit", aber "rEEAmain"? Die Auswirkungen des EU-Austritts auf die EWR-Mitgliedschaft des Vereinigten Königreichs, JuristenZeitung 2017, 713 (714f.).

356 *Schroeter/Nemeczek*, The (Unclear) Impact of Brexit on the United Kingdom's Membership in the European Economic Area, European Business Law Review 2016, 921 (924).

357 *Daragan*, Brexit und EWR-Abkommen, ZErb 2016, 281 (282); *Schroeter/Nemeczek*, "Brexit", aber "rEEAmain"? Die Auswirkungen des EU-Austritts auf die EWR-Mitgliedschaft des Vereinigten Königreichs, JuristenZeitung 2017, 713 (715).

358 *Schroeter/Nemeczek*, The (Unclear) Impact of Brexit on the United Kingdom's Membership in the European Economic Area, European Business Law Review 2016, 921 (929).

359 *Dörr*, in: Grabitz/Hilf/Nettesheim (Hrsg.), Das Recht der EU, 45. Lfg. 2011, Art. 50 EUV Rn. 39.

360 Prime Minister's letter to Donald Tusk triggering Article 50, 29.3.2017, https://assets.publishing.service.gov.uk/government/uploads/system/uploads/attachment_data/file/604079/Prime_Ministers_letter_to_European_Council_President_Donald_Tusk.pdf, S. 1.

digen, dass das VK auch aus dem EWR austreten möchte; denn eine Kündigung eines anderen völkerrechtlichen Vertrages in die Kündigungserklärung zum EUV, AEUV und EAGV hineinzulesen ist nicht lege artes. Die Kündigung des EWR-Abkommens gegenüber den übrigen 27 Mitgliedstaaten der EU und den drei EFTA-Staaten ist bis heute nicht erfolgt. Das Verfahren nach Art. 127 EWR-Abkommen ist nicht durchlaufen worden.

Gleichzeit berief sich die Premierministerin auf die tiefe und besondere Partnerschaft zwischen der EU und dem VK, die bestehen bleiben soll.[361] Diese könnte sich auch auf den EWR erstrecken. Ziel und Zweck des Brexit soll es sein, nationale Selbstbestimmung zu erreichen.[362] Da das EWR-Abkommen nicht von der EU „oktroyiert“ worden ist, sondern das VK eigenständiger Vertragspartner des EWR-Abkommens ist, widerspräche eine Weitergeltung auch nicht der Idee einer nationalen Selbstbestimmung durch das VK.[363] Mehr noch, Ziel und Zweck des EWR-Abkommens ist es, durch eine „beständige und ausgewogene Stärkung der Handels- und Wirtschaftsbeziehungen zwischen den Vertragsparteien unter gleichen Wettbewerbsbedingungen und die Einhaltung gleicher Regeln zu fördern, um einen homogenen Europäischen Wirtschaftsraum [...] zu schaffen“ (Art. 1 Abs. 1 EWR-Abkommen).[364] Trotz Austritts des VK möchte dieser Staat weiterhin beständige und starke Handels- und Wirtschaftsbeziehungen zur EU und ihren Mitgliedstaaten unterhalten. Einen impliziten „Austritt“ aus einem der größten Wirtschaftsräume der Welt anzunehmen hieße, dem VK gewaltig etwas unterstellen zu wollen.[365]

---

361 Prime Minister’s letter to Donald Tusk triggering Article 50, 29.3.2017, https://assets.publishing.service.gov.uk/government/uploads/system/uploads/attachment_data/file/604079/Prime_Ministers_letter_to_European_Council_President_Donald_Tusk.pdf, S. 2.

362 Prime Minister’s letter to Donald Tusk triggering Article 50, 29.3.2017, https://assets.publishing.service.gov.uk/government/uploads/system/uploads/attachment_data/file/604079/Prime_Ministers_letter_to_European_Council_President_Donald_Tusk.pdf, S. 1.

363 Ähnlich *Schroeter/Nemeczek*, The (Unclear) Impact of Brexit on the United Kingdom’s Membership in the European Economic Area, European Business Law Review 2016, 921 (925).

364 Darauf weist *Daragan*, Brexit und EWR-Abkommen, ZErb 2016, 281 (281), zu Beginn seiner Ausführungen hin.

365 Ähnlich *Schroeter/Nemeczek*, The (Unclear) Impact of Brexit on the United Kingdom’s Membership in the European Economic Area, European Business Law Review 2016, 921 (930 f.). Wobei nicht vergessen werden darf, dass das VK sich freiwillig aus dem nicht deutlich kleineren Wirtschaftsraum der EU zurückzieht.

Ein Vergleich zum WTO-Recht zeigt einen Widerspruch auf: Alle beteiligten Staaten gehen davon aus, dass VK nach dem Brexit Teil der WTO bleibt und das WTO-Recht, insb. also GATT und GATS, weiter anwendbar bleiben. Das WTO-Abkommen ist ebenfalls ein gemischtes Abkommen, dessen Vertragsparteien sowohl die EU als auch ihre Mitgliedstaaten sind. Damit unterscheidet es sich rechtlich nicht vom EWR-Abkommen. Beide Abkommen, also WTO-Abkommen und EWR-Abkommen, hat VK nicht gekündigt. Warum implizit das eine, nicht aber das andere Abkommen gekündigt sein sollen, erschließt sich nicht.

Art. 128 EWR-Abkommen möchte zwar den automatischen Beitritt jedes neuen EU-Mitglieds zum EWR-Abkommen erreichen, richtet aber keinen Automatismus ein, sondern verlangt eine Antragstellung des neuen EU-Mitgliedstaats zum EWR. Das EWR-Abkommen verknüpft die EU-Mitgliedschaft gerade nicht mit der Geltung des Abkommens selbst. M.a.W. wird ein Staat nicht qua EU-Mitgliedschaft EWR-„Mitglied". Spiegelbildlich besteht gerade keine ausdrückliche Regelung, welche das Ende der EU-Mitgliedschaft mit dem Ausscheiden aus dem EWR verknüpft.[366] Dies ist auch im Einklang mit dem Völkervertragsrecht, wonach eine Vertragspartei gerade nicht aus einem multilateralen Abkommen ausscheidet, wenn „sie eine Eigenschaft einbüßt, die Voraussetzung dafür war, Vertragspartei zu werden."[367]

iii. Stellungnahme

Warum das WTO-Abkommen und das EWR-Abkommen unterschiedlich behandelt werden (sollen), obwohl beides gemischte Abkommen sind, erklärt sich wohl nur politisch: Das WTO-Abkommen bildet die Grundlage des Wirtschaftsvölkerrechts, während das EWR-Abkommen nicht einmal den gesamten europäischen Wirtschaftsraum erfasst. Das politische Interesse gerade des VK ist also beim WTO-Abkommen viel grundlegender betroffen, als beim EWR-Abkommen. Da letzteres auch die Personenfreizügigkeit umfasst und diese durch den Brexit gerade beschränkt werden soll, hat das VK auch kein Interesse an einer Weitergeltung dieses Abkommens. Politisch ist eine differenzierte Betrachtung nachvollziehbar.

Dennoch: Aus juristischer Perspektive gehen alle Vertragsparteien von einem automatischen Austritt des VK aus dem EWR-Abkommen nach

---

366 *Daragan*, Brexit und EWR-Abkommen, ZErb 2016, 281 (282).
367 *Daragan*, Brexit und EWR-Abkommen, ZErb 2016, 281 (282).

dem Brexit aus der EU aus. Für diesen automatischen Austritt gibt es hingegen keine Rechtsgrundlage. Das VK hat nicht automatisch mit dem Brexit das EWR-Abkommen gekündigt. Weder explizit noch implizit lässt sich ein automatisches Ende der britischen Mitgliedschaft im EWR herleiten.

Allerdings kann es dabei nicht bleiben. Denn schlussendlich gehen alle 32 Vertragsparteien des EWR-Abkommens davon aus, dass das VK das Abkommen verlassen hat. Es führt nicht weiter, die Vertragsparteien darauf hinzuweisen, dass das Abkommen weiter gilt. Allein die Tatsache, dass die Weitergeltung des EWR-Abkommens eine steile These bildet, reicht nicht aus, um über den erkennbaren Willen der Vertragsparteien hinwegzugehen. Daher muss die Einigung der Vertragsparteien rechtlich eingeordnet werden.

Bekanntermaßen bleibt es den Parteien eines völkerrechtlichen Vertrags unbenommen, ihn zu beendigen oder von ihm zurückzutreten (vgl. das in Art. 54 WVK kodifizierte Gewohnheitsrecht). Aufgrund des im Völkervertragsrechts herrschenden Konsensprinzips ist es den Staaten als Herren des Vertrags jederzeit möglich, zumindest im Einvernehmen zu kündigen. Da alle Vertragsparteien soweit ersichtlich mit dem Ausscheiden des VK aus dem EWR-Abkommen einverstanden sind, ist das VK nunmehr keine Vertragspartei mehr. Dies ergibt sich weder aus dem EUV noch aus dem EWR-Abkommen, sondern aus dem Willen der Vertragsparteien, die für die spezifische Situation Brexit eine maßgeschneiderte Lösung gefunden haben. Dies bedeutet aber auch, dass eine Rückkehr des VK in den EWR nicht möglich ist, außer wenn das VK erneut der EU beitreten wird (Art. 128 Abs. 1 EWR-Abkommen) oder (ebenfalls erneut, nach Mitgliedschaft von 1960 bis 1973) die „Norwegen-Option“ wählt und EFTA-Staat wird, um dann dem EWR-Abkommen beizutreten.[368]

3. Das DWA als „Austrittsnachbarschaft“ i.S.d. Art. 8 EUV

Nach Art. 8 Abs. 1 EUV entwickelt die EU besondere Beziehungen zu ihren Nachbarländern, um einen Raum des Wohlstands und der guten Nachbarschaft zu schaffen. Das Primärrecht begründet damit einen Hand-

---

368 *Schroeter/Nemeczek*, The (Unclear) Impact of Brexit on the United Kingdom's Membership in the European Economic Area, European Business Law Review 2016, 921 (921).

lungsauftrag[369] für die Union, der ein Mehr zur üblichen Assoziierung erreichen soll.[370] Die Anklänge an Art. 217 AEUV sind deutlich. Es fällt aber auf, dass bei der Nachbarschaftspolitik auf gemeinsame Verfahren verzichtet wird. Art. 8 Abs. 2 S. 1 EUV begründet dafür eine Kompetenzgrundlage zum Abschluss völkerrechtlicher Verträge.[371] Ausweislich des Wortlauts und im Einklang mit der systematischen und teleologischen Auslegung ist die Norm dabei zu keiner anderen Grundlage für den Abschluss von Verträgen lex specialis.[372] Sekundärrechtlich wird die Politik seit 2014 durch die ENI-VO ausgestaltet.[373]

Was der primärrechtliche Rahmen zu bedeuten und welchen Gehalt er hat, ist indessen umstritten.[374] So ist schon unklar, wer als „Nachbar" angesehen werden kann.[375] Der Begriff lässt sich in einem engen oder weiten geografischen Sinne verstehen.[376] Er kann aber auch persönlich eng oder weit ausgelegt werden – erfasst sind dann entweder nur Nicht-Beitrittskandidaten[377] oder zusätzlich Beitrittskandidaten.[378]

---

369 *Schmalenbach*, in: Calliess/Ruffert (Hrsg.), EUV/AEUV, 5. Aufl. 2016, Art. 8 EUV Rn. 9; *Breuer*, in: Pechstein/Nowak/Häde (Hrsg.), Frankfurter Kommentar zu EUV, GRC und AEUV, 2017, Art. 8 EUV Rn. 11.

370 *Schmalenbach*, in: Calliess/Ruffert (Hrsg.), EUV/AEUV, 5. Aufl. 2016, Art. 8 EUV Rn. 10; *Breuer*, in: Pechstein/Nowak/Häde (Hrsg.), Frankfurter Kommentar zu EUV, GRC und AEUV, 2017, Art. 8 EUV Rn. 8; *Nowak*, in: von der Groeben/Schwarze/Hatje (Hrsg.), Europäisches Unionsrecht, 7. Aufl. 2015, Art. 8 EUV Rn. 9.

371 *Breuer*, in: Pechstein/Nowak/Häde (Hrsg.), Frankfurter Kommentar zu EUV, GRC und AEUV, 2017, Art. 8 EUV Rn. 18.

372 *Schmalenbach*, in: Calliess/Ruffert (Hrsg.), EUV/AEUV, 5. Aufl. 2016, Art. 8 EUV Rn. 11; *Breuer*, in: Pechstein/Nowak/Häde (Hrsg.), Frankfurter Kommentar zu EUV, GRC und AEUV, 2017, Art. 8 EUV Rn. 20.

373 Verordnung (EU) Nr. 232/2014 des Europäischen Parlaments und des Rates vom 11.3.2014 zur Schaffung eines Europäischen Nachbarschaftsinstruments, ABl. 2014, L-77/27, im Folgenden ENI-VO.

374 Die Erklärung Nr. 3 zu Artikel 8 des Vertrags über die Europäische Union betont die Bedeutung von Mikrostaaten in Europa.

375 *Kotzur*, § 7 Europäische Nachbarschaftspolitik, in: von Arnauld (Hrsg.), Enzyklopädie Europarecht X – Europäische Außenbeziehungen, 2014, S. 371 ff., Rn. 12 ff. *Bieber/Epiney/Haag/Kotzur*, Die Europäische Union, 13. Aufl. 2019, § 39 Rn. 2.

376 Zur Differenzierung *Hummer*, in: Vedder/Heintschel von Heinegg (Hrsg.), Europäisches Unionsrecht, 2. Aufl. 2018, Art. 8 Rn. 17.

377 *Breuer*, in: Pechstein/Nowak/Häde (Hrsg.), Frankfurter Kommentar zu EUV, GRC und AEUV, 2017, Art. 8 EUV Rn. 6.

378 *Nowak*, in: von der Groeben/Schwarze/Hatje (Hrsg.), Europäisches Unionsrecht, 7. Aufl. 2015, Art. 8 EUV Rn. 6; *Bieber/Epiney/Haag/Kotzur*, Die Europäische

Es stellt sich die Frage, ob das DWA als Form der Nachbarschaftspolitik verstanden werden kann. Dass das VK ein Nachbar der Union ist, ist offensichtlich. Daher erstaunt es umso mehr, dass sich im DWA kein Bezug zur Nachbarschaftspolitik findet. Auch der Regelungsumfang des DWA ist umfassend, so dass durchaus von einer besonderen Beziehung zwischen der Union und ihrem ehemaligen Mitgliedstaat ausgegangen werden kann. Immerhin soll das DWA den Raum des Wohlstands und der guten Beziehungen fördern, der dabei auf den gemeinsamen Werten der Union und des VK aufbaut (Rn. 6 Politische Erklärung Oktober 2019). Die Kommission unternimmt die Nachbarschaftspolitik mit den Zielen, wirtschaftliche Entwicklung, Sicherheit und Mobilität zu fördern und Migration in den Blick zu nehmen.[379] Um all das geht es auch beim DWA. Die Volkswirtschaften der Union und des VK sollen auch nach dem Austritt gut zusammenwirken.[380] Sicherheitsbedenken sind den Parteien bewusst und sollen in den Blick genommen werden.[381] Die Mobilität und Migrationsbewegungen innerhalb des Gebiets von Union und VK sind detaillierten Regelungen unterworfen.

Dennoch sprechen die besseren Argumente gegen eine Einordnung des DWA in die Nachbarschaftspolitik der EU. Das DWA regelt eine besondere Phase der Beziehungen zwischen der Union und dem VK. Es soll gerade der Austritt bewerkstelligt werden. Sinn und Zweck ist nicht, eine besondere Beziehung zu dem Nachbarstaat VK zu begründen, sondern eine ganz besondere Beziehung, nämlich die EU-Mitgliedschaft, zu beenden. Inhaltlich ist das DWA wie gezeigt auch darauf ausgerichtet, die Auswirkungen des Brexit abzumildern. Es soll gerade keine feste Beziehung begründen, sondern den Parteien Zeit schaffen, das Verhältnis auf neue vertragliche Grundlagen zu setzen. Diese könnten dann ggf. als Teil der Nachbarschaftspolitik verstanden werden. Die besonderen Beziehungen zum Nach-

---

Union, 13. Aufl. 2019, § 39 Rn. 2. So jetzt wohl auch *Europäische Kommission/Hohe Vertreterin der Union für Außen- und Sicherheitspolitik*, Gemeinsame Mitteilung an das Europäische Parlament, den Rat, den Europäischen Wirtschafts- und Sozialausschuss und den Ausschuss der Regionen, Überprüfung der Europäischen Nachbarschaftspolitik, JOIN(2015) 50, S. 23.

379 *Europäische Kommission/Hohe Vertreterin der Union für Außen- und Sicherheitspolitik*, Gemeinsame Mitteilung an das Europäische Parlament, den Rat, den Europäischen Wirtschafts- und Sozialausschuss und den Ausschuss der Regionen, Überprüfung der Europäischen Nachbarschaftspolitik, JOIN(2015) 50, S. 8 ff. Vgl. *Bieber/Epiney/Haag/Kotzur*, Die Europäische Union, 13. Aufl. 2019, § 39 Rn. 3.

380 Rn. 17 Politische Erklärung Dezember 2018.

381 Rn. 92 ff. Politische Erklärung Dezember 2018.

barn VK sind damit möglicherweise Gegenstand des späteren Vertrags; Teil des DWA sind sie nicht. Aufgrund der klaren Ausrichtung des DWA als Austrittsvertrag nach Art. 50 Abs. 2 EUV, der für eine Übergangsphase gelten soll, wäre Art. 8 Abs. 2 EUV die falsche Rechtsgrundlage, weil dieser auf die zukünftigen Beziehungen gerichtet ist. Für den Austritt ist Art. 50 Abs. 3 EUV gegenüber der Nachbarschaftspolitik lex specialis.

Literaturverzeichnis

Baudenbacher, Carl, Between Homogenity and Independence: The Legal Position of the EFTA Court in the European Economic Area, Columbia Journal of European Law 3 (1996/1997), 169

Baudenbacher, Carl, Der EFTA-Gerichtshof – der kleine Bruder des EuGH, Prisma 341 – Weg, 2012, 20

Bieber/Epiney/Haag/Kotzur, Die Europäische Union, 13. Aufl., Baden-Baden 2019

Brauneck, Jens, EU-Recht, EU-Gerichts- und Verwaltungsverfahren auch nach dem Brexit? EuZW 2017, 967

Bruha, Thomas/Nowak, Carsten, Recht auf Austritt aus der Europäischen Union? AVR 42 (2004), 1

Calliess, Christian/ Ruffert, Matthias (Hrsg.), EUV/AEUV, 5. Aufl., München 2016

Cottier, Thomas, Die Rechtsbeziehungen der Schweiz und der Europäischen Union, Bern 2014

Craig, Paul/De Burca, Grainne, EU Law, 6. Aufl., Oxford 2015

Daragan, Hanspeter, Brexit und EWR-Abkommen – ein Update, ZErb 2018, 137

Daragan, Hanspeter, Brexit und EWR-Abkommen, ZErb 2016, 281

Dauses, Manfred/Ludwigs, Markus (Hrsg.), Handbuch des EU-Wirtschaftsrechts, Loseblatt, München

Dörr, Oliver/Schmalenbach, Kirsten (Hrsg.), Vienna Convention on the Law of Treaties, 2. Aufl., Berlin 2018

Epiney, Astrid, § 26 Europäische Freihandelszone, in: Hatje, Armin/Müller-Graff, Peter-Christian (Hrsg.), Enzyklopädie Europarecht I – Europäisches Organisations- und Verfassungsrecht, Baden-Baden 2014, 1105

Frau, Robert, Der Gesetzgeber zwischen Verfassungsrecht und völkerrechtlichem Vertrag, Tübingen 2015

Frenz, Walter, Kapitel 11 Vollzug des Europarechts, § 1 Mitgliedstaatlicher Vollzug, in: ders., Handbuch Europarecht 5: Wirkungen und Rechtsschutz, Berlin 2010

Gola, Peter (Hrsg.), DSG-VO, 2. Aufl., München 2018

Grabitz, Eberhard/Hilf, Meinhard/Nettesheim, Martin (Hrsg.), Das Recht der EU, Loseblatt, München

Graver, Hans Petter, § 19 Der Europäische Wirtschaftsraum (EWR), in: Hatje, Armin/Müller-Graff, Peter-Christian (Hrsg.), Enzyklopädie Europarecht I – Europäisches Organisations- und Verfassungsrecht, Baden-Baden 2014, 921

Grzeszick, Bernd, Nationale Staatsangehörigkeit und europäische Unionsbürgerschaft, ZRP 2015, 42

Hahn, Michael, Brexit und Drittstaaten: Das Beispiel Schweiz, ZEuS 2017, 431

Haltern, Ulrich, Europarecht Bd. I und Bd. II, 3. Aufl., Tübingen 2017

Haratsch, Andreas/Koenig, Christian/Pechstein, Matthias, Europarecht, 11. Aufl., Tübingen 2018

Heesen, Julia, Interne Abkommen, Berlin 2015

Herrmann, Christoph, Brexit, WTO und EU-Handelspolitik, EuZW 2017, 961

Hillion, Christophe, Brexit means Br(EEA)xit: The UK Withdrawal from the EU and its Implications for the EEA, Common Market Law Review 55 (2018), 135

Immenga, Ulrich/Mestmäcker, Ernst-Joachim (Hrsg.), EU-Wettbewerbsrecht Bd. I, 5. Aufl., München 2012

Isak, Hubert, Nach dem Brexit: Weitere Differenzierung der Union nach innen und nach außen?, in: Lorenzmeier, Stefan/Folz, Hans-Peter, (Hrsg.), Recht und Realität – FS Vedder, Baden-Baden 2017, 172

Jarass, Hans, (Hrsg.), Charta der Grundrechte der EU, 3. Aufl., München 2016

Kaddous, Christine, § 20 Die Zusammenarbeit zwischen der EU und der Schweiz, in: Hatje, Armin/Müller-Graff, Peter-Christian (Hrsg.), Enzyklopädie Europarecht I – Europäisches Organisations- und Verfassungsrecht, Baden-Baden 2014, 937

Kadelbach, Stefan, Unionsbürgerschaft, in: von Bogdandy, Armin/Bast, Jürgen (Hrsg.), Europäisches Verfassungsrecht, 2. Aufl., Berlin 2009, 611

Kotzur, Markus, § 7 Europäische Nachbarschaftspolitik, in: von Arnauld (Hrsg.), Enzyklopädie Europarecht X – Europäische Außenbeziehungen, Baden-Baden 2014, 371

Krenzler, Günther/Herrmann, Christoph/Niestadt, Marian (Hrsg.), EU-Außenwirtschafts- und Zollrecht, Loseblatt, München

Lock, Tobias, On Thin Ice: The role of the Court of Justice under the Withdrawal Agreement, Verfassungsblog, 15.11.2018.

Mall, Julia, Die Bindung der Mitgliedstaaten an die Unionsgrundrechte, Frankfurt a.M. 2012

Mehde, Veith, Gespaltener Grundrechtsschutz in der EU?, EuGRZ 2008, 269

Michl, Walther, Die formellen Voraussetzungen für den Austritt des Vereinigten Königreichs aus der Europäischen Union, NVwZ 2016, 1365

Mindus, Patricia, European Citizenship after Brexit, Cham 2017

Nowrot, Karsten, § 2 Steuerungssubjekte und -mechanismen im Internationalen Wirtschaftsrecht (einschließlich regionale Wirtschaftsintegration), in: Tietje (Hrsg.), Internationales Wirtschaftsrecht, 2. Aufl., Berlin 2015, 67

O'Connell, Rory, Protecting the Rights of Individuals in Northern Ireland under the Draft Withdrawal Agreement – some preliminary observations, 15.11.2018, https://brexitlawni.org/

Oppermann, Thomas/Classen, Claus Dieter/Nettesheim, Martin, Europarecht, 8. Aufl., München 2018

Pechstein, § 15 Mitgliedschaftsordnung der EU, in: Hatje, Armin/Müller-Graff, Peter-Christian (Hrsg.), Enzyklopädie Europarecht I – Europäisches Organisations- und Verfassungsrecht, Baden-Baden 2014, 833

Pechstein, Matthias/Nowak, Carsten/Häde, Ullrich (Hrsg.), Frankfurter Kommentar zu EUV, GRC und AEUV, Tübingen 2017

Peuker, Enrico, Die Anwendung nationaler Rechtsvorschriften durch Unionsorgane, JuristenZeitung 2014, 764

Ryan, Bernard, Brexit briefing: impact on Common Travel Area and the Irish, 18.5.2016, https://www.freemovement.org.uk/

Schantz, Peter, Die Datenschutz-Grundverordnung – Beginn einer neuen Zeitrechnung im Datenschutzrecht, NJW 2016, 1841

Schantz, Peter/Wolff, Heinrich Amadeus, Das neue Datenschutzrecht, München 2017

Schmalenbach, Kirsten, § 6 Assoziierung und Erweiterung, in: von Arnauld (Hrsg.), Enzyklopädie Europarecht X – Europäische Außenbeziehungen, Baden-Baden 2014, 321

Schroeter, Ulrich G./Nemeczek, Heinrich, The (Unclear) Impact of Brexit on the United Kingdom's Membership in the European Economic Area, European Business Law Review 2016, 921

Schroeter, Ulrich G./Nemeczek, Heinrich,"Brexit", aber "rEEAmain"? Die Auswirkungen des EU-Austritts auf die EWR-Mitgliedschaft des Vereinigten Königreichs, JuristenZeitung 2017, 713

Schulz, Bettina, Hauptsache keine echte Grenze, Zeit Online 29.11.2017

Schwarze, Jürgen/Becker, Ulrich/Hatje, Armin/Schoo, Johann (Hrsg.), EU-Kommentar, 4. Aufl., Baden-Baden 2019

Simon, Sven, Rechtliche Vorgaben für den Austritt des Vereinigten Königreichs aus der EU, JuristenZeitung 2017, 481

Simon, Sven/Müller, Joscha, Das Achmea-Urteil des EuGH und die Auswirkungen auf Streitbeilegungsmechanismen im Rechtsraum der EU, NJOZ 2018, 961

Skouris, Vassilios, Brexit: Rechtliche Vorgaben für den Austritt aus der EU, EuZW 2016, 806

Steinbeis, Max, Wozu muss der Verlust der Unionsbürgerschaft verhältnismäßig sein?, verfassungsblog.de, 13.7.2018

Stern, Joachim/Tohidpur, Timo, § 18 Migration von Drittstaatsangehörigen, in: von Arnauld (Hrsg.), Enzyklopädie Europarecht X – Europäische Außenbeziehungen, Baden-Baden 2014, 769

Stotz, Rüdiger, § 22 Die Rechtsprechung des EuGH, in: Riesenhuber (Hrsg.), Europäische Methodenlehre, 3. Aufl., Berlin 2015, 491

Streinz, Rudolf (Hrsg.), EUV/AEUV, 3. Aufl., München 2018

Thiele, Alexander, Der Austritt aus der EU – Hintergründe und rechtliche Rahmenbedingungen eines „Brexit", EuR 2016, 281

Tietje, Christian § 1 Begriff, Geschichte und Grundlagen des internationalen Wirtschaftssystems und Wirtschaftsrechts, in: Tietje (Hrsg.), Internationales Wirtschaftsrecht, 2. Aufl., Berlin 2015, 1

Tobler, Christa, Zur Rolle des EuGH im Streitbeilegungsmechanismus in den sektoriellen Verträgen EU–Schweiz. Mit rechtsvergleichenden Bemerkungen zum EWR, zum Ankara-Assoziationsrecht und zu der in Verhandlung stehenden Assoziation mit den AMS-Staaten Andorra, San Marino und Monaco, in: Lorenzmeier, Stefan/Folz, Hans-Peter (Hrsg.), Recht und Realität – FS Vedder, 378

Vedder, Christoph/Heintschel von Heinegg, Wolff (Hrsg.), Europäisches Unionsrecht, 2. Aufl., Baden-Baden 2018

von Arnauld, Andreas, § 2 Zum Status quo des europäischen Verwaltungsrechts, in: Terhechte, Jörg Philipp (Hrsg.), Verwaltungsrecht der Europäischen Union, Baden-Baden 2011

von Bogdandy, Armin/von Bernstorff, Jochen, Die Europäische Agentur für Grundrechte in der europäischen Menschenrechtsarchitektur und ihre Fortentwicklung durch den Vertrag von Lissabon, EuR 2010, 141

von der Groeben, Hans/Schwarze, Jürgen/Hatje, Armin (Hrsg.), Europäisches Unionsrecht, 7. Aufl., Baden-Baden 2015

Wendel, Mattias, § 18 Unionsbürgerrechte, Freizügigkeit, in: Grabenwarter, Christoph (Hrsg.), Enzyklopädie Europarecht II – Europäischer Grundrechtsschutz, Baden-Baden 2014, 739

Wendel, Mattias, Der EMRK-Beitritt als Unionsrechtsverstoß, NJW 2015, 921

Stichwortverzeichnis

FSC
www.fsc.org
MIX
Papier | Fördert
gute Waldnutzung
FSC® C083411

Kolibri 360 GmbH
Ferdinand-Jühlke-Straße 7
99095 Erfurt, Deutschland
produktsicherheit@kolibri360.de